荻山和也の
パン作りの教科書

はじめに

「本を見ながらパンを作っていると、本当にこれであっているのかと、不安に駆られることがある」とパン教室に来てくださった生徒さんからうかがうことがあります。教室のように、実際に目で見て、生地を触ることができればイメージがつかみやすいのですが、本ではなかなかむずかしいようです。そこで、本書では写真をたくさん使い、教室で生徒さんからいただいた質問をもとに、パンを作りながら浮かんでくるたくさんの疑問が、パンを作りながら解決するような本になっています。

荻山和也

CONTENTS

本書の見方 …………………… 10

PART 1
パン作りの前に知っておきたいこと …………………… 11

パン作りの材料と道具 …………… 12
パンの種類 …………………… 16
パン作りの方法 ………………… 16
パン作りの流れ ………………… 17
パン作りの専門用語 ……………… 18

PART 2
パン作りをはじめましょう …… 21

LESSON 1

基本のパン生地

バターロール …………………… 22

アレンジ

ハムロール …………………… 34
ベーコンスネーク ……………… 36
ウインナーロール ……………… 38
ツナマヨパン …………………… 40
ちくわパン …………………… 42

LESSON 2

基本のバンズ系パン生地

ドッグロール …………………… 44

アレンジ

コロッケパン …………………… 56
コーンマヨパン ………………… 58
くるみのパン …………………… 60
まるごと卵パン ………………… 62
カレーパン …………………… 64
ミルクコッペパン ……………… 66

LESSON 3

基本の食パン生地
ストレート食パン ・・・・・・・・・・ 68

アレンジ
中種食パン ・・・・・・・・・・・・・・・ 78

Column

**パウンド型を使って
パン作りに挑戦！**
Arrange 1　ミニ食パン ・・・・・・・ 89
Arrange 2　黒糖ロールパン ・・・・ 90
Arrange 3　ジャムロール ・・・・・・ 92

LESSON 4

基本の菓子パン生地
あんパン ・・・・・・・・・・・・・・・・・ 94

アレンジ
中種クリームパン ・・・・・・・・・ 104
シュガーレーズンパン ・・・・・・ 114
マーブルミルクボール ・・・・・・ 116
はちみつスティック ・・・・・・・・ 118
クランブルブレッド ・・・・・・・・ 120
ハートのアーモンドトッピングパン
・・・・・・・・・・・・・・・・・・・・・・・・・ 122

LESSON 5

基本のフランスパン生地
プチフランスパン ・・・・・・・・・ 124

アレンジ
発酵種法フランスパン ・・・・・・ 132
オリーブブレッド ・・・・・・・・・・ 142
トマトフランス ・・・・・・・・・・・ 144
パン・オ・ピスタチオ ・・・・・・ 146
パン・オ・フィグ ・・・・・・・・・・ 148
オリーブフガス ・・・・・・・・・・・ 150

LESSON 6

スペシャルな生地
ブリオッシュ ・・・・・・・・・・・・・ 152
クロワッサン ・・・・・・・・・・・・・ 162
デニッシュ3種 ・・・・・・・・・・・・ 172
ベーグル ・・・・・・・・・・・・・・・・・ 180

※本書は「荻山和也のホームベーカリーで楽しむスイーツパン」、「荻山和也のホームベーカリーで楽しむ毎日のお惣菜パン」、「荻山和也のもちもち手ごねパン」、「荻山和也のホームベーカリーで楽しむプレミアム&ごちそうパン」の一部を手ごねで作るパンにあわせて、再編集して掲載しています。

PART 3
もっとパン作りを楽しむために知っておきたいこと ……189

小麦粉 [Flour]

Q01 小麦粉にはいろいろな種類がありますが、パン作りに最適な粉はどれですか？ ……190

Q02 国産小麦を使いたいのですが、本書のレシピと同じ分量で作れますか？ ……190

Q03 安かったので、Kg単位で小麦粉を購入してしまいました。小麦粉の上手な保存の仕方を教えてください ……190

Q04 米粉で作りたいのですが、レシピの小麦粉と同じ分量で問題ないでしょうか？ ……190

Q05 お菓子作りのように小麦粉を一度ふるったほうが、よりおいしいパンができますか？ …190

Q06 小麦粉の成分は何ですか？ ……191

Q07 パンの中で、小麦粉はどんな役割をしていますか？ ……191

Q08 グルテンとは、どういうものですか？ ‥191

Q09 薄力粉ではパンはできないのでしょうか？ 191

Q10 ライ麦粉、全粒粉は、小麦粉とは何が違うのでしょうか？ 本書のレシピの粉をライ麦粉や全粒粉に替えて作っても大丈夫でしょうか？ …191

塩 [Salt]

Q11 パンに適した塩があるのでしょうか？ ‥192

Q12 天然塩や岩塩など、こだわりの塩を使ってもよいでしょうか？ ……192

Q13 パンの中で、塩はどんな役割をしていますか？ ……192

Q14 計量で失敗して塩を多めに入れてしまいました。膨らみ方に影響はあるのでしょうか？ ・192

砂糖 [Sugar]

Q15 パンにとって、砂糖はどんな役割をしていますか？ ……192

Q16 いろんな砂糖の種類がありますが、どの砂糖が一番適していますか？ ……192

Q17 我が家では、砂糖はブラウンシュガーしか使っていません。ブラウンシュガーを使用する場合、本書レシピの上白糖と同量で大丈夫ですか？ 注意する点はありますか？ ……193

Q18 少し甘く感じたときは砂糖の量を減らしても大丈夫でしょうか？ ……193

Q19 もう少し甘くしたいときは砂糖の量を増やしても大丈夫でしょうか？ また、どの程度増やせばいいでしょうか？ ……193

バター [Butter]

Q20 なぜマーガリンではなくバターを使うのですか？ ……193

Q21 入れるものは、ショートニングやマーガリンでもOKですか？ ……193

Q22 パンにとって、バターはどんな役割をしていますか？ ……193

Q23 なぜバターを使う前に、室温で戻すのでしょうか？ ……194

Q24 室温に戻すのを忘れたので、冷凍保存のバターをレンジで溶かしました。溶かしたバターを使っても問題ないですか？ ……194

CONTENTS

Q25　バターを溶かしすぎてしまいました。もう一度冷やし固めて使っても大丈夫でしょうか？…194

Q26　高いブランドバターや発酵バターを使用すれば、おいしいパンは作りやすいですか？…194

卵［Egg］

Q27　なぜ全卵と卵黄を使い分けるのですか？194

Q28　卵黄だけで作れば、濃厚なパンに仕上がりますか？…194

Q29　溶き卵はどのくらい溶けばいいですか？白身と黄身がうまく混ざりませんが、上手に混ぜる方法はありますか？…195

Q30　高級卵を使用したほうがよいですか？195

Q31　卵があまるのがもったいないので、生地に全部入れてしまってはダメですか？…195

Q32　パンにとって、卵はどんな役割をしますか？…195

Q33　卵アレルギーの家族がいるので、卵抜きのパンが作りたいです。本書レシピの卵を抜いて作っても、うまくできるでしょうか？…195

イースト［Yeast］

Q34　そもそもイーストとは何ですか？…195

Q35　パンの中で、イーストはどんな役割をしていますか？…196

Q36　イーストは何種類あるのでしょうか？それぞれの特徴が知りたいです…196

Q37　本書のレシピで使用されているイースト以外のイーストを使いたい場合は、同量で作れますか？…196

Q38　どのイーストが一番おすすめですか？・196

Q39　パン作りを極めるなら「天然酵母」がいいといわれました。イーストと比べて、何が違うのでしょうか？…196

Q40　イーストの量を増やせば、パンも膨らみやすくなりますか？…197

Q41　インスタントドライイーストは塩と離し、砂糖に近い場所に置くとよいと聞きましたがなぜですか？…197

Q42　イーストの上手な保存方法を教えてください…197

Q43　開封後はなるべく早く使い切ったほうがよいのでしょうか？…197

Q44　パンの種類によって、イーストの使い分けは必要なのでしょうか？…197

Q45　高糖生地用インスタントドライイーストは、どのようなパンに使えばいいのでしょうか？・198

Q46　高糖生地用ドライイーストがどうしてもあまってしまいます。低糖生地に使用しても大丈夫でしょうか？…198

水［Water］

Q47　水道水よりもミネラルウォーターを使ったほうがおいしいパンができますか？その場合、軟水と硬水のどちらを使えばよいのでしょうか？198

Q48　水道水を使った場合、地域によってパンのできあがりに差はできますか？…198

Q49　アルカリイオン水はパン作りに使えますか？…198

Q50　水はパンの中でどんな役割をしていますか？…198

Q51　パンに一番適した水は何ですか？…199

スキムミルク［Skimmilk］

Q52　パンにとって、スキムミルクはどんな役割をしていますか？…199

CONTENTS

Q53 牛乳を使う場合とスキムミルクを使う場合がありますが、使い分ける理由はなぜですか？ ……199

Q54 スキムミルクがない場合、牛乳を使用しても大丈夫でしょうか？ その場合、どのくらいの量を入れたらよいのでしょうか？ ……199

フィリング［Filling］

Q55 ナッツはローストしたほうがいいのでしょうか？ 時間がないときはしなくても大丈夫ですか？ ……199

Q56 レーズンを一度下洗いをするのはどうしてですか？ しなくても平気ですか？ ……200

Q57 ナッツやドライフルーツ類を本書レシピよりも多く入れたいです。大丈夫でしょうか？ ……200

Q58 塩分が入ったおつまみ用ナッツを使用しても大丈夫ですか？ ……200

Q59 オレンジピールを上手に生地に練り込む方法を教えてください。 ……200

Q60 ナッツやドライフルーツを加えると生地が固くなりますか？ ……200

Q61 ナッツの上手な砕き方を教えてください。 ……200

パン作りの環境［Environment］

Q62 パン作りに適した環境はありますか？ ……201

Q63 パン作りに必要な作業スペースは、どのくらいの広さでしょうか？ ……201

道具［Tool］

Q64 作業台の素材は何が一番おすすめですか？ ……201

Q65 オーブンの発酵機能を使うと、生地が乾燥したように感じます。どうしたらいいですか？ ……201

Q66 オーブンが古いせいか、予熱に時間がかかります。予熱をしている間に生地の発酵が進んで、過発酵になっているのではないかと思っています。どうしたらよいですか？ ……201

Q67 焼成の前に、天板も一緒に予熱したほうがいいのでしょうか？ ……202

Q68 パンマットはどのような素材がいいですか？ ……202

Q69 ベンチタイムに使うぬれぶきんはどのような素材がいいですか？ ……202

Q70 凹凸のついたプラスチック製のめん棒を使っています。これでも大丈夫ですか？ ……202

Q71 材料ははかりではからないとダメですか？ 計量カップではかってはダメでしょうか？ ……202

Q72 刷毛の適切な保存方法はありますか？ 卵を塗ったあと、洗ってもベタベタした感じがします ……202

Q73 ミトンと軍手どちらがおすすめですか？ ……202

Q74 プラスチックのボウルしかありません。それでも大丈夫ですか？ ……202

Q75 パンマットは1回使うごとに洗ったほうがいいですか？ ……203

Q76 定規はどれくらいの長さがあればOKですか？ ……203

打ち粉［Uchiko］

Q77 打ち粉は何の粉を使えばよいですか？ ……203

Q78 フランスパンを作るときは、パン生地と同じくフランスパン専用粉を打ち粉に使うほうがよいのでしょうか？ ……203

Q79 打ち粉の目安を教えてください。手にくっ

つかないように、たくさんふったほうがいいですか？……203

発酵 ［Fermentation］

Q80 発酵すると、なぜパン生地は膨らむのですか？……203

Q81 発酵には、パンが膨らむ以外の目的はありますか？……204

Q82 1次発酵させるときの容器はどういったものがいいでしょうか？……204

Q83 1次発酵のベストな状態とは、どのような状態ですか？……204

Q84 イーストの量を増やせば、発酵時間を短縮することはできますか？……204

Q85 1次発酵、2次発酵があるのはなぜですか？……204

Q86 1次発酵、2次発酵で温度が違うのはなぜですか？……204

Q87 1次発酵、2次発酵の湿度はどれくらいですか？……205

Q88 パンの種類によって、発酵の温度や時間を変えるのはなぜですか？……205

Q89 発酵しすぎると、何がいけないのでしょうか？ リカバーの方法はありますか？……205

Q90 2次発酵の見極め方を教えてください。見極めが難しく、時間が来たらとりあえずオーブンに入れています……205

成形、丸め方 ［Form and shape］

Q91 パン生地に表裏はありますか？ 表裏を意識したほうがいいですか？……205

Q92 分割した1つ1つは、ぴったり同量にならないとダメですか？……205

Q93 表面に膜が張ったように丸めるといいと聞きました。なぜですか？……206

Q94 成形するときに大きな気泡ができていました。どうしたらいいですか？……206

Q95 天板に並べるとき、閉じ口を下にするのはなぜですか？……206

Q96 生地切れとは何ですか？……206

焼成 ［Baking］

Q97 焼くとパンが膨らむのはなぜですか？……206

Q98 オーブンに予熱は必要ですか？……206

Q99 焼きあがったパンはしばらくするとしぼんでしまいます。これはなぜですか？……206

Q100 焼きあがったパンは、どのタイミングで切ればいいのでしょうか？……207

Q101 パンに食べごろはありますか？ やはり焼きたてがおいしいでしょうか？……207

Q102 翌日になるとパンが固くなってしまいます。これはなぜですか？……207

Q103 固くなったパンをやわらかくする方法はありますか？……207

Q104 焼いたパンを上手に保存する方法を教えてください……207

本書の見方

本書は、実際にパン教室に習いに来られる生徒さんたちが習う順番と同じになっています。LESSON1 からはじめるのがおすすめですが、挑戦してみたいものがあれば、飛ばしてはじめてみるのもよいでしょう。各レッスンごとに基本の生地を細かく説明し、その後アレンジパンを紹介しています。

① LESSON

習う順番と、どんなことを習得することができるのかが書かれています。

② パンの名前

パンの名前が書かれています。はじめからステップを順に踏んでいくのがおすすめですが、自分の好きなパンからはじめてみてもよいでしょう。

③ 材料

材料はすべて g 単位で表記しています。どうしても g ではかれないものに関しては小さじ1（5ml）大さじ1(15ml) で表記しています。

④ 下準備

パン作りをはじめる前に下準備としておこなっておいたほうがよいことを表記しています。

⑤ パン作りの目安

パン作りが慣れてきたときに、計量や発酵時間、ベンチタイムなどが一目でわかるように目安を書き出しています。オーブンの焼き時間は目安時間です。オーブンの種類により多少の誤差がありますので、記載の時間を目安として様子を見ながら焼いてください。また調理家電を使用するときは取扱説明書に従い、やけどなどのけがに十分注意してください。

⑥ 工程写真

基本のパンは、初心者でもできるように順番に工程写真を追って作っていけるようになっています。

⑦ ポイント

工程でわかりにくいもの、生徒さんからの質問があったものなどをポイントとして加えています。後に行くほど腕が上がるので、簡単なポイントはいらないかもしれませんが、途中で飛ばして挑戦した場合でも、わかりやすいように、できる限り LESSON が上のレベルのページにも、同じポイントを入れています。

PART 1
パン作りの前に知っておきたいこと

基本の材料や道具、パンの種類や製パン専用の用語など、パン作りをはじめる前に知っておいたほうが、よりパン作りが身近で楽しくなることをここでは紹介していきます。

Preparation 1
パン作りの材料と道具

ここでは本書でよく使うパン作りに必要な材料と道具を伝えていきます。
製パン用の高価なものをそろえなくても大丈夫。家にある代用できるものもお伝えしていきます。

① 塩

パンの味にアクセントを与えるとともに、生地を強くする役割があります。基本的には食卓塩でOKです。ブランド塩も使えますが、粒が粗すぎるとこねる際に残ってしまうので注意。

② 砂糖

イーストの栄養分であり、水を保持してパンを保つ役割があります。上白糖、グラニュー糖が主に使われます（本書ではもっとも入手しやすい上白糖を使用しています）。

③ 卵

パンの味や食感に影響します。全卵、卵黄のみを使う場合があるので、レシピに注意しましょう。本書ではスーパーなどで手に入りやすい、通常のMサイズの卵を想定して作っています。

材料

④ イースト

パン生地を発酵させて、膨らませる役割です。生イースト、ドライイースト、インスタントドライイーストがあります。本書では扱いの簡単なインスタントドライイーストを用います。

⑤ バター　　ショートニング

バター、マーガリン、ショートニングなどを油脂といい、パンのコクを生み出すために入れます。本書ではバター独特のミルク風味を活かしたいものには、基本的にバターを使用しています。

⑥ 水（仕込み水）

小麦粉に含まれるでんぷんをやわらかくしたり、グルテン生成を補助したりと、水は大事な役割を果たしています。日本であれば、どの地域でも水道水を使用して問題ありません。

⑦ 粉

本書では強力粉もしくはフランスパン専用粉（準強力粉）を使っています。スーパーで手に入るものでOK。粉が違うとレシピも異なってくるので、掲載されている種類の粉を使いましょう。

その他
フィリングなど

フィリング（パン生地に練り込んだり、中に挟む具材になるもの）として使われる、代表的な食材を紹介します。掲載した食材以外でも、コーンやチョコレート、黒ごまなどもよく使われています。

スキムミルク
脱脂粉乳です。パンにミルク風味をつけたいときに使います。牛乳でも代用ができます。

オリーブ
オリーブを使用する際には、水気を切り、輪切りにして生地に混ぜるようにしましょう。

チーズ
フィリング用ならば、粒が残るダイスチーズもおすすめ。製パン用として売っています。

レーズン
大きさや味に差があるので、好みを探してみましょう。さっと水洗いしてから使います。

くるみ
殻を割って中身を取り出した半生状態のものが製菓や製パンの材料として売っています。

Preparation 1　パン作りの材料と道具

道具

めん棒
パン生地を伸ばすために必要になります。プラスチック製の凹凸がついたものより木製のめん棒がおすすめ。

はかり
容器をのせて「0」にできるデジタル式がおすすめです。0.1g単位からはかれるものがいいでしょう。

ボウル
生地をこねたり発酵させる器に使います。丈夫なステンレス製がおすすめ。直径28cm程度あればOKです。

温度計
水温やこねあげ温度などをはかるのに使います。使いやすい形を選べばOK。デジタル式だと見やすいです。

ラップ
1次発酵のとき、生地にラップをかけます。市販されているラップの30cm幅があると便利です。

定規
生地を伸ばすときにサイズをはかるのに使います。文房具にある、プラスチック製30cm定規でOK。

パンマット
生地がくっつきにくくなる効果があります。本書では、毛羽立ちにくいキャンバス地を使っています。

カード・スケッパー
生地をまとめたり分割するのに使います。プラスチック製、ステンレス製などがあるのでお好みで。

包丁
フィリング用のフルーツやナッツを刻むのに使います。通常の料理で使っている包丁を流用すればOK。

ピザカッター
クロワッサンなどの生地を切るのに使います。包丁よりもまっすぐきれいに切れるのでひとつあると便利です。

クープナイフ
フランスパンなどにクープ（切れ目）を入れるためのナイフで、両刃のカミソリのようになっています。

型
パン生地を入れて焼く型。写真は食パン型と、ブリオッシュなどに使う丸型。さまざまな種類があります。

ふきん
本書ではベンチタイムにぬれぶきんを使います。目の細かい、生地にくっつきにくい素材を選びましょう。

茶こし
本書では、卵をこす際に使用しています。少量の粉をふるう際にも使えます。普通の茶こしがあればOK。

バット
生地を冷蔵庫で冷やす、材料をそろえるときなどに便利。金属製ならば冷蔵庫で冷えるのが早くなります。

キッチンばさみ
生地を切るときに使用することもあります（本書では基本的にカードを使用）。用意しておくと便利です。

パン切り包丁
焼きあがったパンを切るときに使う、パン専用の包丁です。食パンやフランスパンのカットに使いましょう。

ストレーナー
ストレーナーは万能こし器のこと。粉をふるったり、液体をこしたりとさまざまな用途で使えます。

刷毛
卵を生地に塗ったり、余分な粉をはらうときに使用します。シリコン製などよりも毛のほうが生地を傷めません。

霧吹き
本書では焼く前の食パンの型に吹きつけ、膨らみをよくしています。細かい霧が出るものを選びましょう。

ゴムべら
クリームパンのクリームを作る際に使います。シリコン製やゴム製など、弾力のあるものが便利です。

ホイッパー
クリームパンのクリームを作ったり、卵を溶いたりする際に使います。粉を混ぜるときに使う場合も。

ビニール袋
焼きあがったパンは、完全に冷ましてからビニール袋に入れて保存しましょう。乾燥を防げます。

天板・クッキングシート
天板はオーブンに付属したものを使用。天板サイズにあわせてクッキングシートを切っておくと便利です。

Preparation 2

パンの種類

リーンなパン、リッチなパンという言い方を聞いたことのある人も多いと思います。
それはパンの分類方法のひとつ。主だったパンの種類分けを知っておきましょう。

よく使われる種類分けに「ハード」と「ソフト」があります。フランスパンに代表される、クラスト（パンの外側）の固いパンが「ハード」で、素材の味を活かした香ばしいパンが多くなります。一方、「ソフト」はクラスト、クラム（パンの内側）ともに、やわらかくふっくらした食感のパンです。ミルクやバターの風味を感じられるような、濃厚な味わいのパンが多いです。

もうひとつ、よく使われるのが「リーン」と「リッチ」です。「リーン」とは「簡素な、脂肪のない」という意味で、小麦粉・水・イースト・塩の基本材料だけで作られたパンを指します。主にハード系のパンが該当します。「リッチ」は「コクのある」という意味で、副材料（砂糖や油脂、乳製品など）を多く入れたパンになります。濃厚でやわらかな食感に仕上がり、ソフト系のパンが多くなります。

本書ではこれらのパンをバランスよく紹介しています。パンの区分は右表を参考にしてください。

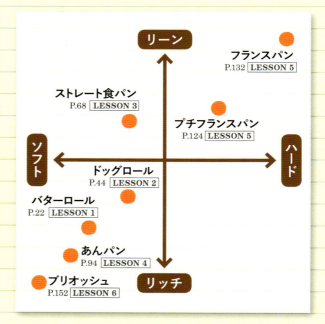

Preparation 3

パン作りの方法

パンにはいくつかの作り方があります。作り方によって手順が違ってくるのはもちろん、
仕上がったパンの風味も異なってきます。事前に知っておくといいでしょう。

パンの製法は主に2つ。1つめは「ストレート法」と呼ばれるもので、一度にすべての材料をこねあげる方法です。生地のこねあげ→1次発酵→成形→2次発酵→焼成という工程がわかりやすく、一般的なパンはこちらの製法で作られています。

2つめは「中種法」です。まず中種用の材料を混ぜたあと、生地をこねあげ、それを発酵させて「種」を作ります。その「種」と残りの本ごね用の材料をこねあげて本生地を作り、再度発酵させる方法になります。生地の伸びがよいので、焼きあげたときにボリュームが出ること、やわらかくソフトな仕上がりのクラムになることが特徴です。

なお「中種法」の一種として「発酵種法」があります。あらかじめ作った発酵種を、生地の材料に添加して作る製法で、上級者向けといえます。

ストレート法

小麦粉、水、イースト、塩、副材料をすべて一気に混ぜあわせ、生地を作る製法です。「直ごね法」ともいわれます。中種法よりも作り方がわかりやすく、発酵時間も短いのが特徴です。本書でも基本的に、こちらの製法を用いています。

中種法

中種の材料をすべて混ぜてから、こねあげて先に発酵させる方法です。発酵した生地を「種」として、残りの本ごね用の材料に混ぜてこねあげ、再度発酵させます。本書のレシピでは、中種食パン、クリームパンでこの方法を使っています。

Preparation 4

パン作りの流れ

パン作りに入る前に、作り方の流れをひと通り知っておきましょう（掲載しているのはストレート法の流れです）。本書で紹介するレシピのほとんども、この流れに沿っています。

計量

材料をまとめる

生地をこねる

生地をたたく

スタート → 1 → 2 → 3 → 4

1 小麦粉、水、イースト、塩、砂糖、バターなど、必要な材料を計量します。mlではなくて、gで計量するほうが正確にはかれます。1種類のパンを作る際には、全材料を事前に計測し、材料ごとにボウルや器に入れて、バットにひとまとめにしておくと便利です。

2 材料を混ぜる作業です。まずボウルの中で生地をつかむようにして混ぜたあと、作業台になすりつけるようにして材料が均一になるように混ぜていきます。バターは最初から混ぜる場合とまとめたあとに入れる場合があるので注意しましょう。

3 まとまった生地をこね、生地の中にグルテンを作る作業です。本書では、Vの字を描くようにしてこねる「Vの字こね」を採用。右上→戻す→左上→戻すという流れで1回と数えています。後追いでバターを入れる場合、この作業のあとに入れます。

4 生地をこねるとグルテンが生成されます。そのグルテンをさらに強くするための作業が「たたき」です。生地の端を4本の指で引っかけるようにして、台にたたきつけていきましょう。生地が固くなってきたら、もみほぐす作業を入れます。

1次発酵

分割する

成形する

2次発酵

焼成する

→ 5 → 6 → 7 → 8 → 9 → 完成！

5 こねあがった生地をボウルに入れて、発酵させる作業です。イーストが炭酸ガスを発生させて、生地を膨らませていきます。本書ではオーブンの発酵機能と室温での常温発酵を使っています。レシピに書いてある温度と時間※に注意しましょう。

6 2倍程度に膨らんだ生地をガス抜きし、作る個数に分割する作業です。最初に生地の総量をはかり、作る個数で割って1個あたりの分量を出しましょう。分割したあとは軽く丸めなおして、ぬれぶきんをかぶせてベンチタイムを取ります。

7 成形とはパンの形を作ることです。分割後、ベンチタイムで休ませた生地を、パンの種類にあわせて形作っていきましょう。ロールパンは伸ばした生地を丸める、ドッグロールなら細長くして口を閉じるなど、作業はパンによって異なります。

8 成形したパンを、再度発酵させます。分割、丸め、成形などで生地はどうしても少ししぼみます。その生地を、焼きあげるときに最大のボリュームになるように、再度膨らませるための発酵です。1.5～2倍程度に膨らむのが目安です。

9 オーブンで生地を焼く作業です。予熱が間にあわない場合は、2次発酵を少し早めに切り上げて予熱時間を取りましょう。パンによっては、溶き卵を表面に塗って焼いたり、型に霧吹きをしてから焼く場合もあります。レシピに従ってください。

※発酵温度と時間は、30℃で60分が基本ですが、オーブンに30℃の機能がない場合は35℃で30分に設定し、その後、オーブンのスイッチを切ってオーブンの中で30分発酵させてください。

Preparation 5
パン作りの専門用語

パン作りには、一般的にはあまり使われない専門用語がいくつかあります。
ここでは、本書でもよく登場する、知っておきたい専門用語を解説していきます。

ミキシング

いわゆる生地を「混ぜる」「こねる」「たたく」といった、生地を作る作業全般のことを総称して「ミキシング」といいます。つまり〝材料を入れてからこねあげる〟までが「ミキシング」になるわけです。ミキシングの目的は、材料を均等に混ぜること。そして小麦粉内のグルテンを生成させることです。しっかりしたグルテンがたくさん生成されるほど、粘りと弾力が生まれパンがよく膨らみます。グルテンができたかは、生地を薄く引き伸ばして確認します。

調整水

パン作りの場合、室温や湿度の影響、粉の状態などもあるので、正確に計量した材料で作っても生地がうまくまとまるとは限りません。前回うまくできたのに、今回はうまくできないということもあります。そういった場合、生地の固さを調整できるように、調整水を加え、生地の固さを調整します。こねあがってから入れても意味がないので、まだグルテンがさほど形成されず、生地のつながりが少ないミキシング初期に入れるのがベストです。

仕込み水

仕込み水は生地の材料として使う水のことで、レシピに記載されている水量になります。温度は30℃に設定します。

こねあげ温度

生地がこねあがったときの温度のこと。ミキシングが終わった時点で、生地の温度をはかります。パンを上手に膨らませるには、イーストが活発に発酵活動を行う温度を維持する必要があります。生地の温度が高すぎたり低すぎたりすると、発酵がうまく進まず、結果、生地が膨らまないことも。パンによって適切なこねあげ温度は決まっているので、レシピを確認してみましょう。

パンチ

パンチとはガス抜きのこと。パンチといっても生地を殴るわけではなく、発酵で膨らんだ生地を手のひらで押す、生地を折りたたむこと。力いっぱいたたいたり、殴ったりすると、せっかく作ったグルテンが壊れてしまい、生地を傷めてしまう可能性があります。作るパンの種類によって変わります。ソフト系のパンは強めのパンチを、ハード系のパンには弱めのパンチとなります。ハード系のパンは生地が膨らみにくいので、押さえすぎないようにしなくてはいけません。パンチの強さは、押す力、折る回数などで調整していきます。

クラム

パンの内側のやわらかい部分のこと。内相ともいいます。食パンの白い部分やフランスパンの中身を想像してもらえば、わかりやすいでしょう。リーンなパンには素朴でパリッとしたクラムが、リッチなパンにはコクのあるやわらかなクラムができやすくなります。また、クラム内には気泡がありますが、この気泡が大きすぎたり、少なすぎるクラムは、あまりよろしくないとされます。

クラスト

パンの外側になる、焼き色のついた固い部分のことです。外皮ともいいます。食パンの耳の部分、フランスパンのパリッとした皮の部分にあたります。クラムと同様に、リーンでハードなパンはパリパリした固めのクラストに、リッチでソフトなパンはやわらかなクラストになります。フランスパンなどのハード系のパンでは、焼きあげる前にクープ（切り込み）を入れることもあります。

窯伸び

簡単にいえば、オーブンで生地を焼きあげるときに、生地が膨らんで容積が増すことです。パンの焼成は、まずこの窯伸びからはじまります。焼成初期の段階ではイーストがまだ活動しているうえに、加熱されたでんぷんが糊化してやわらかくなるため、ますます生地が伸びていくわけです。生地温度が60℃に達するとイーストが死滅するため、生地の伸びが止まります。これで窯伸び終了です。窯伸びが足りないと、食パンなどでは型の上まで生地が膨らまなくなります。

グルテン

グルテンは、パンの弾力と粘りの元となる物質です。グルテンは生地内にあるわけではなく、小麦粉に含まれるたんぱく質の一部が水と結びついて発生します。ただ水と小麦粉を混ぜるだけではうまく結びつかないため、グルテンも発生しません。だから、小麦粉と水をこねる必要があるのです。グルテンは繊維が網目構造になっていて、生地をこねたりたたいたりすると、網目構造が強くなります。これがパンの弾力と粘りに通じるのです。実際の作業では、水と小麦粉を混ぜた段階では、まだまだ生地はまとまりません。台にこすりつけるようにして生地をこねると次第にまとまるようになります。ある程度まとまったらVの字でこね、ある程度の固さができたら、今度は生地を台に打ちつけていきます。固くなったらもみほぐして、また打ちつける。この作業を繰り返して、生地が薄く広がるようになったらOKです。

打ち粉

作業台や手に、生地がくっつかないようにふる粉のことです。台や手に生地がくっついてあまりにも総量が減ってしまうと、うまく膨らまないという事態もあり得ます。そのため、薄く打ち粉をふって、生地がくっつかない状態を作ります。

ベーカーズパーセント

材料の粉の合計量を100％として、ほかの材料が何％になるかを示した表記方法です。例えば、200gの粉を使うフランスパンの場合、粉200g＝100％と考えると、使用する塩4g＝2％になります。この場合、ベーカーズパーセントで記載すると「フランスパン専用粉100、塩2」という記載になるわけです。中途半端にあまった粉で作る場合などに、例えば粉が183gの場合、すべての材料を1.83倍すれば塩、砂糖、イーストなどの分量を簡単に計算できて便利です。

| Preparation 5 | パン作りの専門用語 |

生地を丸めなおす

こねあがった生地や分割した生地は、形が美しくありません。生地を丸くまとめる作業を「丸め」「丸めなおし」などと呼びます。重要なのは丸くすることではなくて、生地の裏表を作ること、表側の生地を張ることです。こねあげるときに丸めた生地の表を覚えておきましょう。以降の作業は、すべて表側が表面に来るようにしていきます。また、分割した生地は、断面でグルテンの構造が乱れます。この部分を中に入れて丸めれば、グルテンの膜で表面が覆われるため、きれいに焼きあがります。

手のひらで丸める  パンマットの上で丸める

1次発酵

こねあげた生地をボウルに入れ、ラップをかけて30℃前後で発酵させます（時間はパンによって異なります）。これが1次発酵です。目的は、イーストが安定してアルコール発酵を行う環境を供給して、炭酸ガスを発生させること。そしてそのガスによって、生地を膨らませることです。生地が2倍程度に膨らんだらOKです。また、発酵時に生まれるアルコールやそのほかの物質を、生地に蓄積させる目的もあります。この代謝産物が、豊かで複雑な風味を生み出す元となっているのです。

成形

いわゆる、パンの形を作る作業のことです。ロールパンであれば、分割した生地を伸ばしてくるくると巻いて形を作ります。ブリオッシュなら頭（アテート）をくっつけていきます。それぞれのパンによって成形方法は違ってくるので、レシピを参考にしましょう。ポイントはなるべく手早く成形すること。時間がかかるほど生地の乾燥と発酵が進んでしまい、焼きあげたときにボリュームが出なくなる可能性が高くなります。成形後はバットか天板にならべて、2次発酵させます。

2次発酵

分割した生地を成形し、ベンチタイム後に再度発酵させる作業、それが2次発酵になります。分割・成形で、炭酸ガスが生地からは抜けています。このまま焼いてもボリュームが出ないため、再度発酵させる必要があるのです。発酵温度は40℃前後が多く、時間はパンによって異なります。だいたい1.5倍前後に膨らむのを目安としましょう。未発酵なら発酵時間の追加もできますが、過発酵はリカバーできないので注意が必要です。

過発酵　◀　標準　▶　未発酵

焼成

2次発酵した生地を焼きあげる作業のこと。これがパン作りの最終工程です。ご家庭のオーブンを使うときは、予熱に時間がかかりすぎること（15分くらい）が多いでしょう。その際は、2次発酵を少し早めに終わらせ、オーブンを予熱させます（取り出した生地は室温で発酵を続けます）。パンが焼きあがったら、天板からすぐに下ろして網の上などで室温で冷ますこと。食パンはすぐに型から外すようにしましょう。

PART 2

パン作りを
はじめましょう

いよいよパン作りをはじめましょう。実際のパン教室と同じステップで進んでいきます。細かい写真をつけて、なるべくわかりやすく解説しています。ぜひ楽しんでパンを作ってください。

LESSON 1

基本のパン生地

バターの風味とほのかな甘味で人気のバターロール。ふわふわの食感が特徴です。シンプルながらパンのおいしさを存分に感じ取れる生地は、ハムや野菜を挟んだサンドイッチにも相性抜群。幅広く楽しめるパンです。

バターロール
Butter roll

しっかりした手ごね方法や、めん棒の扱い、生地の成形など、パン作りのすべての要素が含まれているといわれるバターロール。バターロールをマスターすればパン作りへの道が大きく開けます。

材料（6個分）	分量	ベーカーズパーセント
強力粉	200g	100
塩	3g	1.5
砂糖	20g	10
バター（無塩）	20g	10
溶き卵	20g	10
ドライイースト	3g	1.5
水	115g〜	57.5〜

仕上げの材料	分量
焼成用塗り卵	適量

下準備
- ☐ 水は30℃に調温する
- ☐ バターは室温に戻す
- ☐ 天板にクッキングシートを敷く
- ☐ 焼成用の塗り卵はよく溶きほぐす

パン作りの目安

こねあげ温度	26〜28℃
1次発酵	60分（オーブンの発酵30℃で60分）
分割	6等分
ベンチタイム	8分
2次発酵	30分（オーブンの発酵40℃／湿度あり）
焼成	13分（180℃）

※1次発酵の発酵温度と時間は、30℃で60分が基本ですが、オーブンに30℃の機能がない場合は35℃で30分に設定し、その後、オーブンのスイッチを切ってオーブンの中で30分発酵させてください。

1 計量する

はかりでひとつずつの材料を正確に計量する。30℃の水（仕込み水）を用意する。

Point 1

Point 1
計量は正確に

1gでも粉の量が変われば、適切な水の量も変わってきます。結果として生地が固くなったり、食感が悪くなってしまう可能性があります。おいしいパンを作るためにも、計量はレシピ通りにきっちりと行いましょう。塩やイーストなどの分量の少ないものはとくに注意が必要です。

2 材料をボウルに入れてまとめる

1 計量した30℃の仕込み水にイーストを入れる。

Point 2

Point 2
仕込み水の温度

こねあげ温度に影響するので、守りましょう。「仕込み水」の温度は5〜40℃の範囲で調整可能とされており、生地の状態や室温、湿度などで適切な温度は変わってきます。適正温度の算出は経験とデータの蓄積が必要になり、本書の仕込み水の温度は室温20〜25℃、湿度50〜70％の環境で設定して算出しています。水はパン生地の材料の中での割合が多く、こねあげ温度にかかわりますので面倒でも温度は守りましょう。

LESSON 1 Basic バターロール

2
ボウルに強力粉、塩、砂糖を入れて手で混ぜ、中央をくぼませて溶き卵を加える。
Point 3

Point 3
ボウルに材料を入れる順番
材料を入れる順番にとくに決まりはありません。記載されている材料順に入れていくと入れ忘れなどがないので安心です。

3
1のイーストと仕込み水を指で混ぜて2のボウルに入れて混ぜる。
Point 4

Point 4
水は最後に加える
均一な生地を作るためにあらかじめ水以外の材料（粉もの）を混ぜます。ダマを作らないためにも水を加えたらすぐに混ぜましょう。放っておくと水が均一に行き渡らずダマになってしまいます。

4
全体が混ざったら、ボウルのまわりについた粉を取りながら手でもみ、ひとかたまりになったらボウルから取り出す。
Point 5

※このとき、水が足りず生地がまとまるのがいつもより遅く感じたら小さじ1程度〜の調整水を加えます。

Point 5
生地のまとめ方
手をパーにした状態からグーにして指の間から生地が出てくるようにもみながらまとめます。まとまってきたら、ボウルの底や側面に残った粉も生地に含まれるように押さえながらまとめましょう。

指の間から生地が出るようにもむ

手についた生地

ボウルについた生地

5
手やボウルについた生地を取り、4の生地に加えたら作業台の上に伸ばす。
Point 6

Point 6
手やボウルなどについた生地はきれいに取る
まだ生地がやわらかい段階では手やボウル、カードにくっつきやすくなっています。それらを適宜、きれいに取り除きましょう。手についた生地は、そのままにしておくと乾燥してしまいます。また、あまり手やカードに生地がくっついてしまうと、生地の総量が変わってしまい、焼きあげたときにボリュームが少なくなる可能性もあります。

6 カードで生地を手元に集め、手についた生地もきれいに取る。再度 **5** のように生地を伸ばしカードで生地を手元に集めるという作業を何度も繰り返し、生地が作業台につかなくなるくらいまで繰り返す。

Point 7

Part2　パン作りをはじめましょう

Point 7
生地がまとまらないとき
計量を間違えていなければ、絶対にまとまってきますので、希望を持ちながら、作業を続けましょう。手を動かすスピードを速くする、もしくはスナップを効かせるようにこねるとよいかと思います。

❸ 生地をこねる

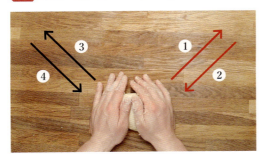

1 手元に生地を置き、自分から見てVの字を描くような作業（右斜め上に生地を伸ばしてこね、手元に戻る。その後、左斜め上に生地を伸ばしてこね、手元に戻る）を繰り返す。写真のように両手でも、片手でもOK。

Point 8　Point 9

両手でこねる

① 斜め右上に伸ばす

② 手元に引き戻す

③ ①〜②でこねた場所と違う場所に手を置く

④ 斜め左上に伸ばし、手元に引き戻す

片手でこねる

① 斜め右上に伸ばす

② 手元に引き戻す

③ ①〜②でこねた場所と違う場所に手を置く

④ 斜め左上に伸ばし、手元に引き戻す

Point 8
生地こねの目安は100回くらい
何度も作れば、タイミングがわかってきますがはじめはむずかしいと思います。目安としては左の写真にあるようにVの字（自分の手元から右斜め上に動かし、手元に戻ってきたら左斜め上に動かし、手元に戻るまで）を描くのを1回とカウントした場合、Vの字を100回くらいが目安です。

Point 9
手のひらを使ってこねる
指先まですべてではなく、手のひらの部分を使ってこねていきます。

ここを使う

LESSON 1 Basic バターロール

2 途中指先を使って生地を薄く伸ばし、グルテンの膜ができているかを調べる。
Point 10

3 生地を丸く伸ばし、中央にバターを置き、少し伸ばす。
Point 11 Point 12

4 生地を半分に折る。

5 生地を上に伸ばし、カードで手元に集めてくるという作業を繰り返し、バターが生地全体に混ざるようにこねる。
Point 13

Point 10
グルテン膜の途中確認
この段階では、まだこねている途中です。こねあげのときにきれいなグルテンの膜ができていればOKなので、この段階では、写真のような大きな穴があいてしまうようでなければ大丈夫です。

Point 11
バターはつぶして加える
生地の中にバターが早くなじみやすいようにパン生地の上にバターを置き、生地の上に少し伸ばします。

Point 12
バターを加えるタイミング
パン作りに用いられるバターは、生地内のグルテンの膜に沿うようにして生地全体に広がっていきます。だから、グルテンがある程度生成された状態で投入したほうが、効率よく生地全体になじんでいくのです。バターを投入すると、グルテンの伸びがぐんとよくなります。

Point 13
バターが生地全体に混ざった状態の判断の仕方
バターを加えると、せっかくまとめた生地がまた、まとまりのない状態に逆戻りしたように感じるので、びっくりするかもしれませんが、必ずまとまります。作業台に生地がつかなくなればOK。次の工程に進めます。

6 生地が作業台の上から離れ、まとまってくるまでこねる。

Point 14

4 生地をたたきつける

上からみると

横からみると

1 生地を広げ利き手の人差し指から小指までを生地の端に引っかける。

Point 15　Point 16

a　b

2 ふりあげて作業台の上に生地をたたきつける。

Point 17

a

b　c

3 生地を持ち上げて奥の生地と手で持っている部分を重ねる。

Part2　パン作りをはじめましょう

Point 14
生地に具を入れるときのタイミング

本書に掲載しているレシピで生地の中に具を入れる場合は、この段階で加えます。バターを混ぜるのと同様、Vの字にこねる作業を繰り返し、生地全体に具が混ざればOKです。

Point 15
生地は伸ばしてからたたく

生地をたたきやすくするために少し伸ばしましょう。伸ばし方は生地を両手で持ち、左右に揺らして伸ばします。

下から見た図。生地の端に少し余裕を持たせて左右に動かして伸ばす

Point 16
生地にそっと引っかける

生地の端に人差し指から小指までを引っかけるように持ちます。このとき、親指は生地に触れない、もしくは添える程度で、ぎゅっと掴まないようにしましょう。

Point 17
上手なたたきつけの方法

生地を持ち上げたら、重力に逆らわずに肘から落とすようにしてたたきつけます。手首だけでたたきつけると変な力が入って、生地が切れやすくなりますので注意してください。

LESSON 1 Basic バターロール

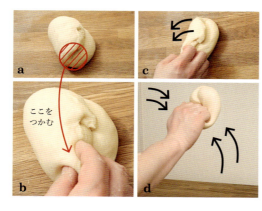

4
重ねた生地の横側を持ち（**a**のマーク部分）、その面を手前に持ちあげたら、**d**のようにふりあげて作業台の上にたたきつける（**2**〜**4**までをたたきつけ1回とする）。これを繰り返し、生地をこねあげる。
Point 18

5
グルテン膜ができていたら完成。
Point 19

Point 18
こねあがりの目安時間

本来、生地をこねている時間ではなく、グルテン膜ができているかどうか、生地のハリ感など生地の状態で判断します。ただ、これも経験を積んだ勘に頼るところなので、はじめのうちはたたきつけ200回くらいが目安と思っておきましょう。

Point 19
グルテン膜の見方

中指を人差し指の下に添えて人差し指と中指で生地を伸ばすようにゆっくり広げます。途中、生地が切れたりしなければOKです。

5 生地を丸めて1次発酵させる

1
生地を丸めなおし、表面に膜がピンと張ったら裏側を閉じる。

2
生地に温度計をさし、温度をはかる（26〜28℃ならOK）。
Point 20 Point 21

Point 20
温度計の必要性

パン作りのなかでも大切なのが、こねあげ温度。パンの種類ごとに適切な温度が決まっています。少しの温度差でもパンの発酵時間が変わってくるので正確にはかるためにも温度計を用意したほうがよいでしょう。

Point 21
目標のこねあげ温度にならなかった場合

こねあげ温度は±0.5℃ほどなら、ずれても大丈夫といわれています。それよりも低い場合は、1次発酵の時間を長くして発酵を促す必要がありますが、せいぜい−5℃が修正の効く範囲です。一方、2℃以上高かった場合は、イーストが活発に動きはじめているので修正が効きにくくなります。パンの味、形、膨らみが崩れることを覚悟して、1次発酵の段階で生地を冷やす以外にありません。

Part2 パン作りをはじめましょう

a

3
ボウルに生地を入れ、ラップをして1次発酵させる。
（オーブンの発酵機能を30℃にして60分発酵させる）

※お手持ちのオーブンの発酵機能が35℃の場合は30分発酵させ、そのままスイッチを切ってオーブンの中で30分発酵させましょう。

Point 22

b

Point 22
ラップで生地の乾燥を防ぐ
発酵するにつれ、生地は膨らみます。このとき、生地が乾燥していると伸びが悪く、膨らみが悪くなることも。また、焼きあげたときにその部分が固くなってしまうので、発酵中の生地の乾燥を防ぐために、ラップをかけます。

❻ フィンガーテストをして生地を分割して休ませる

a
b　c

1
生地の表面に打ち粉をし、人差し指にも粉をつけたら、生地の中心をさす（フィンガーテスト）。指を抜き、穴が小さくならなければOK。

Point 23

Point 23
フィンガーテストの正しい方法
生地に人差し指を入れて、生地の戻り具合を確かめるのが「フィンガーテスト」です。まず、生地の表面に打ち粉（強力粉）をふり人差し指にも粉を薄くつけます。生地に対して垂直に、第二関節あたりまで沈めます。そのまま、まっすぐ上にすっと抜き、このときの状況で判断します。

・できた穴が小さくなって埋まろうとしている→発酵不足
・少し穴が小さくなるが、そのまま保たれている→ちょうどいい発酵
・穴をあけると空気が抜けたように生地がしぼむ、気泡ができる→過発酵

と判定ができます。発酵不足の場合は発酵を足せばリカバーできますが、過発酵してしまうと難しくなります。

2
パンマットを敷き、打ち粉をしてボウルから生地を取り出し、手で軽くつぶしてガスを抜く。

Point 24

Point 24
ガス抜きをする理由
一度発生させたガスを抜くのは、発酵でゆるんだ生地に刺激を与えて、グルテンのさらなる形成を促し、網目構造を密にする目的があります。また発酵で発生したアルコールが生地内に充満すると、イーストの活動力が下がります。生地をつぶすとアルコールも逃げるので、イーストが再びよく動くようになります。もうひとつは、生地内に発生した気泡をつぶして、小さな気泡にする役割もあります。こうすることで、きめの細かい生地ができあがります。

LESSON 1 Basic バターロール

3
手前からくるくると巻いたら、総量をはかりではかる。パンマットの上に縦長になるように生地を置きなおして、カードで中心に切り込みを入れる。
Point 25

4
切り口を広げて1本の棒にする。

5
3ではかった総量から6等分になるように分割する。
Point 26

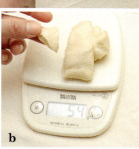

Point 25
カードを使って分割する理由

1次発酵後、パンを均等に分割する際、通常はカードを使います。生地を手で引きちぎると、切り口がぐちゃぐちゃになってしまったり、形が乱れてしまいます。すると、せっかく発生したガスが余分に抜けてしまう、グルテンの網目構造が壊れるなど、ボリュームが減ってしまうからです。注意したいのはカードの扱い方。包丁のように、前後に動かすのではなく、上から押し切るようにしましょう。切断面同士がくっついてしまわないように、すぐ離すことも大切です。

Point 26
分割時の注意点

カードを入れる回数はなるべく少なくしましょう。分割後、多いものから生地を切断し、足りないものにくっつけるのはOKです。ただし、最初から細かく切断するのはおすすめしません。それだけ生地を傷めることになり、ガスが抜ける可能性が高くなります。できるだけカードを入れる回数は減らすことを心掛けましょう。1g程度の誤差は問題ありませんが、数g以上にはならないようにしましょう。あまりに大きさに差が出ると、焼きあがり時間に差が出てしまいます。

6
ひとつずつ生地を丸めなおし、閉じ口をつまむ。

Point 27

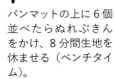

7
パンマットの上に6個並べたらぬれぶきんをかけ、8分間生地を休ませる（ベンチタイム）。

Point 28　Point 29

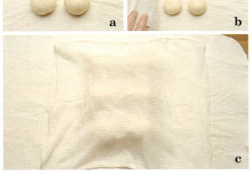

7 成形して2次発酵させる

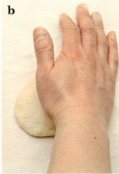

1
打ち粉をし、手で軽くつぶしてガスを抜く。

Point 27
分割した生地を丸めなおす理由
丸めるというよりも、ガスを抜いて表面をピンと張るための工程です。丸くするのには、どんな形にも成形がしやすくなるという利点があります。分割した生地はベンチタイムを取る必要がありますが、切ったままの形で休ませると、不格好なまま膨らんでしまい、のちのちの成形がしにくくなるのです。例えば、切ったままの生地をバターロールに成形しようとしても、上手く伸ばせないので、結局一度丸めるという工程が必要になります。ならば、最初から丸い形にしてベンチタイムを取るほうが合理的です。

Point 28
ベンチタイムの必要性
ベンチタイムとは生地を休める時間のことです。分割・丸めの工程で生地は刺激されるので、またグルテンが強化されます。すると生地に弾力が生まれ固く引き締まり、このあとの成形がやりにくくなってしまいます。ここで少し生地を放置して休ませると、発酵が進んで生地が膨らみます。すると、グルテンの膜もゆるむので生地がやわらかくなり、成形がしやすくなるのです。

Point 29
ベンチタイムのときに生地にかける素材
ラップをかけると、生地に張りつくことがあるため、本書では固くしぼったぬれぶきんをおすすめしています。

LESSON 1 *Basic* バターロール

2 下半分を中心に向かって斜めに折り、手のひらでくっつける。

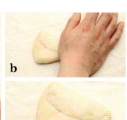

3 上半分を中心に向かって斜めに折り、手のひらでくっつける。

4 さらに半分に折り、しっかりつまんで閉じる。
Point 30

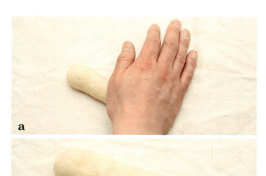

5 手で転がし、13cmほどに伸ばす。
Point 31

6 閉じ口を上にしてめん棒で22cmほどに伸ばす。
Point 32

Point 30
しっかりつまむつまみ加減
力を入れてつまむということではありません。指先で優しくつまみ、くっつけたい生地同士がはがれてこなければOKです。

Point 31
手で上手に転がせず、伸びないとき
優しく、手のひらの部分を使って転がして伸ばします。生徒さんの中には、力を入れすぎて転がしてしまい、生地をつぶしてしまって伸びないことも。力加減に注意しましょう。

Point 32
上手な伸ばし方
一定の力を入れて一気に伸ばします。均一に力が入らないと写真のようにどちらかに傾いたり、生地がよれてしまったりしてしまいます。

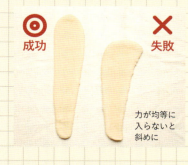

成功　失敗

力が均等に入らないと斜めに

力の入れすぎ
生地が破れる

生地ヨレ
力を入れすぎた証拠

 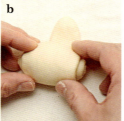 

7

最初の2巻きくらいはきつめに、残りは普通にくるくると巻く。巻き終わりを閉じたら、閉じ口を下にして、クッキングシートを敷いた天板にのせる。同様に5個作る。オーブンの発酵機能を40℃に設定し、30分（湿度あり）2次発酵させる。

Point 33　**Point 34**

※湿度機能がないオーブンの場合はバットにお湯を入れて一緒にオーブンに入れましょう。

8 仕上げて焼成する

1

天板を取り出し、オーブンを180℃の予熱に設定する。溶き卵を表面に塗り、予熱が完了したら13分焼く。

Point 35

2

焼きあがったら、クーラーの上に取り出し、粗熱をとる。

Point 36

Part2　パン作りをはじめましょう

Point 33

生地の閉じ口は下にして置く

巻き終わりは生地をつまむようにして、しっかり閉じます。これは、2次発酵や焼成で生地が膨らんだときに、生地の閉じ口が外れてしまわないようにするためです。焼いている最中に閉じ口が外れると、中のガスが抜けてしまって膨らみが足りなくなったり、表面がシワになったりしてしまいます。もちろん、見た目も悪くなります。

Point 34

天板への上手な置き方

2次発酵でさらに膨らみます。生地同士がくっつかないように前後にずらして並べましょう。

Point 35

溶き卵の上手な塗り方

力は入れずに優しく塗りましょう。生地につやを与えるために塗ります。溶き卵は茶こしなどでこすとよいでしょう。刷毛は根元を持ち、そっとパンの生地に沿って一方向に動かします。

✗ **NG** 生地に逆らう塗り方はNG

Point 36

焼きあがっているかどうかの判断の仕方

パンを適正な温度で焼いている場合、裏返し、裏側も茶色く焼き色がついていればOKです。もし、ついていない場合はオーブンの温度を少し高くして焼き時間を少し延長してみましょう。

Arrange
ハムロール
Ham roll

ロールパンが上手に作れるようになったら、
今度はフィリング入りのパンに挑戦しましょう。
パン屋さんの常連のハムロール。
自分で作るとおいしさが極立ちます。

材料（6個分）	分量	ベーカーズパーセント
強力粉	200g	100
塩	3g	1.5
砂糖	20g	10
バター（無塩）	20g	10
溶き卵	20g	10
ドライイースト	4g	2
水	115g〜	57.5〜

成形のときに加える材料	分量
ハム	6枚

仕上げの材料	分量
焼成用塗り卵	適量
ピザ用チーズ	60g
ドライパセリ	適量

下準備
- □ 水は30℃に調温する
- □ バターは室温に戻す
- □ 天板にクッキングシートを敷く
- □ 焼成用の塗り卵はよく溶きほぐす

パン作りの目安

こねあげ温度	26〜28℃
1次発酵	60分（オーブンの発酵30℃で60分）
分割	6等分
ベンチタイム	8分
2次発酵	30分（オーブンの発酵40℃／湿度あり）
焼成	13分（180℃）

※1次発酵の発酵温度と時間は、30℃で60分が基本ですが、オーブンに30℃の機能がない場合は35℃で30分に設定し、その後、オーブンのスイッチを切ってオーブンの中で30分発酵させてください。

Part2 パン作りをはじめましょう

1 生地を作る

P.23～P.27の**4**までを参考に生地を作る。P.28の**5**を参考に1次発酵させたら6分割して丸めなおし、ぬれぶきんをかけてベンチタイムを8分とる。

2 成形する

1 手で軽くつぶしてガスを抜き、めん棒で円形になるように伸ばし、ハムを置く。

Point

2 手前からくるくる巻き、巻き終わりをしっかりつまんで閉じる。

3 半分に折り、生地の両端をくっつけたら、上から1/3を残してカードで縦に切り込みを入れる。

※閉じ口は上にして切らないこと

4 閉じ口を下にして切り込みを左右に広げたら、クッキングシートを敷いた天板にのせる。同様に5個作る。

3 2次発酵させる

オーブンの発酵機能を40℃に設定し、30分（湿度あり）2次発酵させる。

※湿度機能がないオーブンの場合はバットにお湯を入れて一緒にオーブンに入れましょう。

4 仕上げて焼成する

天板を取り出し、オーブンを180℃の予熱に設定する。溶き卵を表面に塗り、チーズ10gずつをのせ、ドライパセリをふる。予熱が完了したら13分焼く。

Point
両面にめん棒をあてて丸く伸ばす

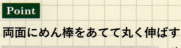

めん棒は、縦、横、斜めとあてて、生地を丸く伸ばしていきます。生地の両面にめん棒をあてるのを忘れないようにしましょう。ハムの大きさよりもひとまわり大きいくらいでOKです。

35

ベーコンスネーク

Bacon Snake

ひとつずつ分割したものを成形するのではなく、パン生地そのまままるごと長方形に伸ばした生地にフィリングを加えて巻きつける成形に挑戦してみましょう。

材料（6個分）	分量	ベーカーズパーセント
強力粉	200g	100
ドライバジル	1g	0.5
塩	3g	1.5
砂糖	15g	7.5
バター（無塩）	15g	7.5
溶き卵	15g	7.5
ドライイースト	3g	1.5
水	110g〜	55〜

成形のときに加える材料	分量
粒マスタード	30g
ベーコン（スライス）	5枚

仕上げの材料	分量
焼成用塗り卵	適量
マヨネーズ	適量

下準備
- □ 水は30℃に調温する
- □ バターは室温に戻す
- □ 天板にクッキングシートを敷く
- □ 焼成用の塗り卵はよく溶きほぐす

パン作りの目安

こねあげ温度	26〜28℃
1次発酵	60分（オーブンの発酵30℃で60分）
分割	ー
ベンチタイム	15分
2次発酵	30分（オーブンの発酵40℃／湿度あり）
焼成	13分（180℃）

※1次発酵の発酵温度と時間は、30℃で60分が基本ですが、オーブンに30℃の機能がない場合は35℃で30分に設定し、その後、オーブンのスイッチを切ってオーブンの中で30分発酵させてください。

Part2 パン作りをはじめましょう

1 生地を作る

P.23～P.27の 4 までを参考に生地を作る。P.28の 5 を参考に1次発酵させたら、ぬれぶきんをかけてベンチタイムを15分とる。

※生地にドライバジルを加えます。P.24の 2 の粉を混ぜる段階で一緒に加えます。

2 成形する

1 手で軽くつぶしてガスを抜き、めん棒で縦25×横20cmの長方形に伸ばし、1cmほど縁を残して粒マスタードを塗る。

Point

2 ベーコンを均等にのせ、手前からくるくると巻く。

3 巻き終わりをしっかりつまんで閉じたら生地の厚さが均等になるように片手で転がし、中のフィリング（具）をなじませる。

4 包丁で6等分に切り、クッキングシートを敷いた天板にのせる。

3 2次発酵させる

オーブンの発酵機能を40℃に設定し、30分（湿度あり）2次発酵させる。

※湿度機能がないオーブンの場合はバットにお湯を入れて一緒にオーブンに入れましょう。

4 仕上げて焼成する

天板を取り出し、オーブンを180℃の予熱に設定する。溶き卵を表面に塗り、マヨネーズを絞る。予熱が完了したら13分焼く。

Point
縁を残してくっつきやすくする

すべての面にマスタードを塗ってしまうと、巻き終わりをしっかり閉じても、マスタードの油分で生地がはがれてきてしまう可能性があります。必ずのりしろがある状態で塗りましょう。

Arrange
ウインナーロール
Vienna Sausage Roll

生地を細長く伸ばしてみましょう。
ウインナーのまわりに生地を巻きつけるのが
意外とむずかしいですが頑張ってトライしましょう。

材料（6個分）	分量	ベーカーズパーセント
強力粉	200g	100
粉チーズ	10g	5
塩	3g	1.5
砂糖	20g	10
バター（無塩）	20g	10
ドライイースト	3g	1.5
水	135g〜	67.5〜

成形のときに加える材料	分量
ウインナー	6本

仕上げの材料	分量
焼成用塗り卵	適量

下準備
- ☐ 水は30℃に調温する
- ☐ バターは室温に戻す
- ☐ 天板にクッキングシートを敷く
- ☐ 焼成用の塗り卵はよく溶きほぐす

パン作りの目安

こねあげ温度	26〜28℃
1次発酵	60分（オーブンの発酵 30℃で60分）
分割	6等分
ベンチタイム	8分
2次発酵	30分（オーブンの発酵 40℃／湿度あり）
焼成	13分（180℃）

※1次発酵の発酵温度と時間は、30℃で60分が基本ですが、オーブンに30℃の機能がない場合は35℃で30分に設定し、その後、オーブンのスイッチを切ってオーブンの中で30分発酵させてください。

Part2 パン作りをはじめましょう

1 生地を作る

P.23〜P.27の **4** までを参考に生地を作る。P.28の **5** を参考に1次発酵させたら6分割して丸めなおし、ぬれぶきんをかけてベンチタイムを8分とる。

※生地に粉チーズを加えます。P.24の **2** の粉を混ぜる段階で一緒に加えます。

2 成形する

1 手で軽くつぶしてガスを抜き、下半分を中央に向かって折り、くっつける。

2 同様に上半分も中央に向かって折り、くっつける。

3 さらに半分に折り、しっかりつまんで閉じる。

4 片手で転がし、30cmの棒状に伸ばしたらウインナーにVの字になるようにひと巻きさせる。

5 ウインナーに生地を巻きつけ、巻き終わりを生地の中に入れ、クッキングシートを敷いた天板にのせる。同様に5個作る。

Point

3 2次発酵させる

オーブンの発酵機能を40℃に設定し、30分（湿度あり）2次発酵させる。

※湿度機能がないオーブンの場合はバットにお湯を入れて一緒にオーブンに入れましょう。

4 仕上げて焼成する

天板を取り出し、オーブンを180℃の予熱に設定する。溶き卵を表面に塗り、予熱が完了したら13分焼く。

Point
ウインナーのまわりにふんわりと巻きつけましょう

ウインナーの両端を持ってウインナーを回転させて生地を巻きつけましょう。きつく巻くと焼きあがりの形が悪くなるので、ふんわりと巻くのを心掛けましょう。

Arrange
ツナマヨパン
Tuna Mayonnaise Bread

仕込み水の一部をトマトジュースに変えて作るアレンジに挑戦しましょう。
発酵させた生地にいろいろなトッピングをのせて仕上げるので
こぼれないように注意しましょう。

材料（6個分）

材料	分量	ベーカーズパーセント
強力粉	200g	100
塩	1g	0.5
砂糖	20g	10
バター（無塩）	20g	10
溶き卵	20g	10
ドライイースト	3g	1.5
水	30g〜	15〜
トマトジュース	100g	50

仕上げの材料	分量
焼成用塗り卵	適量
ツナ	100g
マヨネーズ	50g
ゆで卵（スライス）	2個分（12枚）
とろけるスライスチーズ	6枚

下準備
- □ トマトジュースは室温に戻し、水は30℃に調温する
- □ バターは室温に戻す
- □ 天板にクッキングシートを敷く
- □ 焼成用の塗り卵はよく溶きほぐす
- □ 仕上げ用のツナとマヨネーズを混ぜあわせる

パン作りの目安

こねあげ温度	26〜28℃
1次発酵	60分（オーブンの発酵30℃で60分）
分割	6等分
ベンチタイム	8分
2次発酵	30分（オーブンの発酵40℃／湿度あり）
焼成	13分（180℃）

※1次発酵の発酵温度と時間は、30℃で60分が基本ですが、オーブンに30℃の機能がない場合は35℃で30分に設定し、その後、オーブンのスイッチを切ってオーブンの中で30分発酵させてください。

1 生地を作る

P.23〜P.27の 4 までを参考に生地を作る。P.28の 5 を参考に1次発酵させたら6分割して丸めなおし、ぬれぶきんをかけてベンチタイムを8分とる。
※このレシピは水(仕込み水)の一部がトマトジュースになっています。

2 成形する

1 手で軽くつぶしてガスを抜き、中心に向かって下半分を折り、くっつける。

2 上半分も中心に向かって折り、くっつける。

3 さらに半分に折り、しっかりつまんで閉じる。

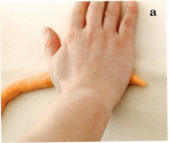

4 片手で片端がだんだん細くなるように転がし、30cmの棒状にする。

Point

5 太いほうの端を中心にして渦巻き状に巻き、巻き終わりを側面に添わせ、クッキングシートを敷いた天板にのせる。同様に5個作る。

3 2次発酵させる

オーブンの発酵機能を40℃に設定し、30分(湿度あり)2次発酵させる。
※湿度機能がないオーブンの場合はバットにお湯を入れて一緒にオーブンに入れましょう。

4 仕上げて焼成する

天板を取り出し、オーブンを180℃の予熱に設定する。溶き卵を表面に塗り、6等分にしたツナマヨ、ゆで卵2枚、スライスチーズ1枚ずつをのせる。予熱が完了したら、オーブンで13分焼く。

> **Point**
> ### 手のひらのみを使って細くします
>
>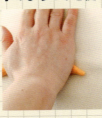
>
> 上手に伸ばすポイントは手のひらのみ使うこと。手を前に出して生地を転がすときは、力を入れず、その後、手元に戻すときにだけ手のひらに力を加えながら引くことを意識するとうまく伸ばせます。

Arrange
ちくわパン
Fishcake Tube Bread

形が細長いツナちくわを巻いていきましょう。
生地に対してフィリングが大きいので、包むのがむずかしく感じるかもしれません。
包み込む練習になります。

材料（6個分）	分量	ベーカーズパーセント
強力粉	200g	100
塩	3g	1.5
砂糖	20g	10
バター（無塩）	20g	10
溶き卵	20g	10
ドライイースト	3g	1.5
水	115g〜	57.5〜

成形のときに加える材料		分量
ちくわ		6本
A	ツナ	100g
	マヨネーズ	30g

仕上げの材料	分量
焼成用塗り卵	適量

下準備
☐ 水は30℃に調温する
☐ バターは室温に戻す
☐ ツナちくわを作る
　Aを混ぜあわせ、ツナペーストを作り、縦に切り込みを入れたちくわに6等分にして詰める。
☐ 天板にクッキングシートを敷く
☐ 焼成用の塗り卵はよく溶きほぐす

パン作りの目安

こねあげ温度	26〜28℃
1次発酵	60分（オーブンの発酵30℃で60分）
分割	6等分
ベンチタイム	8分
2次発酵	30分（オーブンの発酵40℃／湿度あり）
焼成	13分（180℃）

※1次発酵の発酵温度と時間は、30℃で60分が基本ですが、オーブンに30℃の機能がない場合は35℃で30分に設定し、その後、オーブンのスイッチを切ってオーブンの中で30分発酵させてください。

Part2 パン作りをはじめましょう

1 生地を作る

P.23～P.27の **4** までを参考に生地を作る。P.28の **5** を参考に1次発酵させたら6分割して丸めなおし、ぬれぶきんをかけてベンチタイムを8分とる。

2 成形する

1 手で軽くつぶしてガスを抜き、めん棒で縦8×横10cmの楕円形に伸ばし、ツナちくわを生地の中央より下にのせる。

a

b

2 手前の生地を持ち上げる。

3 奥に転がしてツナちくわが見えなくなるように生地を巻く。

Point

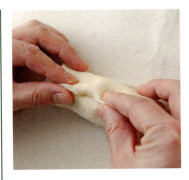

4 巻き終わりをしっかりとつまんで閉じ、閉じ口を下にしてクッキングシートを敷いた天板にのせる。同様に5個作る。

3 2次発酵させる

オーブンの発酵機能を40℃に設定し、30分（湿度あり）2次発酵させる。

※湿度機能がないオーブンの場合はバットにお湯を入れて一緒にオーブンに入れましょう。

4 仕上げて焼成する

天板を取り出し、オーブンを180℃の予熱に設定する。予熱が完了したら溶き卵を表面に塗り、13分焼く。

Point

ツナちくわをうまく巻くために半分より下に置く

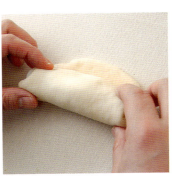

ツナちくわは半分より下に置いて巻いてみましょう。手前の生地を持ち上げるときにツナちくわがずれないように中指で押さえながらくるくる巻けば上手に巻くことができます。

43

LESSON 2

Basic
基本のバンズ系パン生地

やわらかくふわふわした食感の生地を、細長く成形したドッグロール。やわらかさはバターロールと同じですが、砂糖が少ない分、シンプルにパンの味を楽しめます。どんな具材とも相性がよく、サンドイッチに最適。

ドッグロール
Dog roll

ドッグロールは、やわらかな食感の生地を、細長く焼いたもの。いわゆるコッペパンです。工程はバターロールと似ていますが、細長いパンの成形方法を学べるので、パン作りの幅が広がります。

材料（6個分）

材料	分量	ベーカーズパーセント
強力粉	200g	100
塩	3g	1.5
砂糖	16g	8
バター（無塩）	16g	8
ドライイースト	3g	1.5
水	135g〜	67.5〜

下準備
- ☐ 水は30℃に調温する
- ☐ バターは室温に戻す
- ☐ 天板にクッキングシートを敷く

パン作りの目安

こねあげ温度	26〜28℃
1次発酵	60分（オーブンの発酵30℃で60分）
分割	6等分
ベンチタイム	8分
2次発酵	30分（オーブンの発酵40℃／湿度あり）
焼成	13分（180℃）

※1次発酵の発酵温度と時間は、30℃で60分が基本ですが、オーブンに30℃の機能がない場合は35℃で30分に設定し、その後、オーブンのスイッチを切ってオーブンの中で30分発酵させてください。

1 計量する

はかりでひとつずつの材料を正確に計量する。30℃の水（仕込み水）を用意する。

Point 1

Point 1
計量は正確に

1gでも粉の量が変われば、適切な水の量も変わってきます。結果として生地が固くなったり、食感が悪くなってしまう可能性があります。おいしいパンを作るためにも、計量はレシピ通りにきっちりと行いましょう。塩やイーストなどの分量の少ないものはとくに注意が必要です。

2 材料をボウルに入れてまとめる

1 計量した30℃の仕込み水にイーストを入れる。

Point 2

Point 2
仕込み水の温度

こねあげ温度に影響するので、守りましょう。「仕込み水」の温度は5〜40℃の範囲で調整可能とされており、生地の状態や室温、湿度などで適切な温度は変わってきます。適正温度の算出は経験とデータの蓄積が必要になり、本書の仕込み水の温度は室温20〜25℃、湿度50〜70％の環境で設定して算出しています。水はパン生地の材料の中での割合が多く、こねあげ温度にかかわりますので面倒でも温度は守りましょう。

LESSON 2　Basic　ドッグロール

2
ボウルに強力粉、塩、砂糖を入れて手で混ぜる。
Point 3

3
1のイーストと仕込み水を指で混ぜて**2**のボウルに入れて混ぜる。
Point 4

4
全体が混ざったら、ボウルのまわりについた粉を取りながら手でもみ、ひとかたまりになったらボウルから取り出す。
Point 5

※このとき、水が足りず生地がまとまるのがいつもより遅く感じたら小さじ1程度〜の調整水を加えます。

5
手やボウルについた生地を取り、**4**の生地に加えたら作業台の上に伸ばす。
Point 6

Point 3
ボウルに材料を入れる順番

材料を入れる順番にとくに決まりはありません。記載されている材料順に入れていくと入れ忘れなどがないので安心です。

Point 4
水は最後に加える

均一な生地を作るためにあらかじめ水以外の材料（粉もの）を混ぜます。ダマを作らないためにも水を加えたらすぐに混ぜましょう。放っておくと水が均一に行き渡らずダマになってしまいます。

Point 5
生地のまとめ方

手をパーにした状態からグーにして指の間から生地が出てくるように、もみながらまとめます。まとまってきたら、ボウルの底や側面に残った粉も生地に含まれるように押さえながらまとめましょう。

指の間から生地が出るようにもむ

Point 6
手やボウルなどについた生地はきれいに取る

まだ生地がやわらかい段階では手やボウル、カードにくっつきやすくなっています。それらを適宜、きれいに取り除きましょう。手についた生地は、そのままにしておくと乾燥してしまいます。また、あまり手やカードに生地がくっついてしまうと、生地の総量が変わってしまい、焼きあげたときにボリュームが少なくなる可能性もあります。

Part2 パン作りをはじめましょう

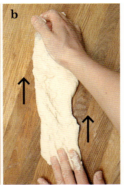

6
カードで生地を手元に集め、手についた生地もきれいに取る。再度5のように生地を伸ばしカードで生地を手元に集めるという作業を何度も繰り返し、生地が作業台につかなくなるくらいまで繰り返す。
`Point 7`

Point 7
生地がまとまらないとき
計量を間違えていなければ、絶対にまとまってきますので、希望を持ちながら、作業を続けましょう。手を動かすスピードを速くする、もしくはスナップを効かせるようにこねるとよいかと思います。

❸ 生地をこねる

1
手元に生地を置き、自分から見てVの字を描くような作業（右斜め上に生地を伸ばしてこね、手元に戻る。その後、左斜め上に生地を伸ばしてこね、手元に戻る）を繰り返す。写真のように両手でも、片手でもOK。

`Point 8` `Point 9`

Point 8
生地こねの目安は100回くらい
何度か作っているうちに、タイミングがわかってきますがはじめはむずかしいと思います。目安としては左の写真にあるようにVの字（自分の手元から右斜め上に動かし、手元に戻ってきたら左斜め上に動かし、手元に戻るまで）を描くのを1回とカウントした場合、Vの字を100回くらいが目安です。

Point 9
手のひらを使ってこねる
指先まですべてではなく、手のひらの部分を使ってこねていきます。

両手でこねる

① 斜め右上に伸ばす　② 手元に引き戻す

③ ①〜②でこねた場所と違う場所に手を置く　④ 斜め左上に伸ばし、手元に引き戻す

片手でこねる

① 斜め右上に伸ばす　② 手元に引き戻す

③ ①〜②でこねた場所と違う場所に手を置く　④ 斜め左上に伸ばし、手元に引き戻す

47

LESSON 2 *Basic* ドッグロール

2 途中指先を使って生地を薄く伸ばし、グルテンの膜ができているかを調べる。
Point 10

3 生地を丸く伸ばし、中央にバターを置き、少し伸ばす。
Point 11　Point 12

4 生地を半分に折る。

5 生地を上に伸ばし、カードで手元に集めてくるという作業を繰り返し、バターが生地全体に混ざるようにこねる。
Point 13

Point 10
グルテン膜の途中確認

この段階では、まだこねている途中です。こねあげのときにきれいなグルテンの膜ができていればOKなので、この段階では、写真のような大きな穴があいてしまうようでなければ大丈夫です。

Point 11
バターはつぶして加える

生地の中にバターが早くなじみやすいようにパン生地の上にバターを置き、生地の上に少し伸ばします。

Point 12
バターを加えるタイミング

パン作りに用いられるバターは、生地内のグルテンの膜に沿うようにして生地全体に広がっていきます。だから、グルテンがある程度生成された状態で投入したほうが、効率よく生地全体になじんでいくのです。バターを投入すると、グルテンの伸びがぐんとよくなります。

Point 13
バターが生地全体に混ざった状態の判断の仕方

バターを加えると、せっかくまとめた生地がまた、まとまりのない状態に逆戻りしたように感じるので、びっくりするかもしれませんが、必ずまとまります。作業台に生地がつかなくなればOK。次の工程に進めます。

6 生地が作業台の上から離れ、まとまってくるまでこねる。

Point 14

4 生地をたたきつける

上からみると

横からみると

1 生地を広げ利き手の人差し指から小指までを生地の端に引っかける。

Point 15 Point 16

2 ふりあげて作業台の上に生地をたたきつける。

Point 17

a
b
c

3 生地を持ち上げて奥の生地と手で持っている部分を重ねる。

Part2 パン作りをはじめましょう

Point 14
生地に具を入れるときのタイミング

本書に掲載しているレシピで生地の中に具を入れる場合は、この段階で加えます。バターを混ぜるのと同様、Vの字にこねる作業を繰り返し、生地全体に具が混ざればOKです。

Point 15
生地は伸ばしてからたたく

生地をたたきやすくするために少し伸ばしましょう。伸ばし方は生地を両手で持ち、左右に揺らして伸ばします。

下から見た図。生地の端に少し余裕を持たせて左右に動かして伸ばす

Point 16
生地にそっと引っかける

生地の端に人差し指から小指までを引っかけるように持ちます。このとき、親指は生地に触れない、もしくは添える程度で、ぎゅっと掴まないようにしましょう。

Point 17
上手なたたきつけの方法

生地を持ち上げたら、重力に逆らわずに肘から落とすようにしてたたきつけます。手首だけでたたきつけると変な力が入って、生地が切れやすくなりますので注意してください。

LESSON 2　Basic　ドッグロール

4
重ねた生地の横側を持ち（**a**のマーク部分）、その面を手前に持ちあげたら、**c**のようにふりあげて作業台の上にたたきつける（2〜4までをたたきつけ1回とする）。これを繰り返し、生地をこねあげる。
Point 18

Point 18
こねあがりの目安時間
本来、生地をこねている時間ではなく、グルテン膜ができているかどうか、生地のハリ感など生地の状態で判断します。ただ、これも経験を積んだ勘に頼るところなので、はじめのうちはたたきつけ200回くらいが目安と思っておきましょう。

5
グルテン膜ができていたら完成。
Point 19

Point 19
グルテン膜の見方
中指を人差し指の下に添えて人差し指と中指で生地を伸ばすようにゆっくり広げます。途中、生地が切れたりしなければOKです。

5 生地を丸めて1次発酵させる

1
生地を丸めなおし、表面に膜がピンと張ったら裏側を閉じる。

Point 20
温度計の必要性
パン作りのなかでも大切なのが、こねあげ温度。パンの種類ごとに適切な温度が決まっています。少しの温度差でもパンの発酵時間が変わってくるので正確にはかるためにも温度計を用意したほうがよいでしょう。

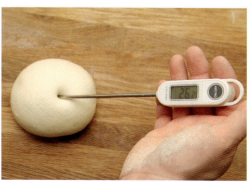

2
生地に温度計をさし、温度をはかる（26〜28℃ならOK）。
Point 20　**Point 21**

Point 21
目標のこねあげ温度にならなかった場合
こねあげ温度は±0.5℃ほどなら、ずれても大丈夫といわれています。それよりも低い場合は、1次発酵の時間を長くして発酵を促す必要がありますが、せいぜい−5℃が修正の効く範囲です。一方、2℃以上高かった場合は、イーストが活発に動きはじめているので修正が効きにくくなります。パンの味、形、膨らみが崩れることを覚悟して、1次発酵の段階で生地を冷やす以外にありません。

Part2 パン作りをはじめましょう

3
ボウルに生地を入れ、ラップをして1次発酵させる。
（オーブンの発酵機能を30℃に設定して60分発酵させる）

※お手持ちのオーブンの発酵機能が35℃の場合は30分発酵させ、そのままスイッチを切ってオーブンの中で30分発酵させましょう。

Point 22

Point 22
ラップで生地の乾燥を防ぐ
発酵するにつれ、生地は膨らみます。このとき、生地が乾燥していると伸びが悪く、膨らみが悪くなることも。また、焼きあげたときにその部分が固くなってしまうので、発酵中の生地の乾燥を防ぐために、ラップをかけます。

⑥ フィンガーテストをして生地を分割して休ませる

1
生地の表面に打ち粉をし、人差し指にも粉をつけたら、生地の中心をさす（フィンガーテスト）。指を抜き、穴が小さくならなければOK。

Point 23

Point 23
フィンガーテストの正しい方法
生地に人差し指を入れて、生地の戻り具合を確かめるのが「フィンガーテスト」です。まず、生地の表面に打ち粉（強力粉）をふり人差し指にも粉を薄くつけます。生地に対して垂直に、第二関節あたりまで沈めます。そのまま、まっすぐ上にすっと抜き、このときの状況で判断します。

・できた穴が小さくなって埋まろうとしている→発酵不足
・少し穴が小さくなるが、そのまま保たれている→ちょうどいい発酵
・穴をあけると空気が抜けたように生地がしぼむ、気泡ができる→過発酵

と判定ができます。発酵不足の場合は発酵を足せばリカバーできますが、過発酵してしまうと難しくなります。

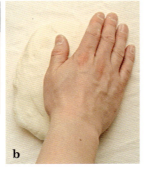

2
パンマットを敷き、打ち粉をしてボウルから生地を取り出し、手で軽くつぶしてガスを抜く。

Point 24

Point 24
ガス抜きをする理由
一度発生させたガスを抜くのは、発酵でゆるんだ生地に刺激を与えて、グルテンのさらなる形成を促し、網目構造を密にする目的があります。また発酵で発生したアルコールが生地内に充満すると、イーストの活動力が下がります。生地をつぶすとアルコールも逃げるので、イーストが再びよく動くようになります。もうひとつは、生地内に発生した気泡をつぶして、小さな気泡にする役割もあります。こうすることで、きめの細かい生地ができあがります。

51

LESSON 2 *Basic* ドッグロール

3
手前からくるくると巻いたら、総量をはかりではかる。パンマットの上に縦長になるように生地を置きなおして、カードで中心に切り込みを入れる。

Point 25

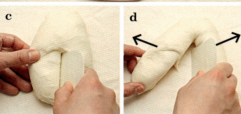

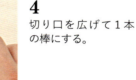

4
切り口を広げて1本の棒にする。

5
3ではかった総量から6等分になるように分割する。

Point 26

Point 25

カードを使って分割する理由

1次発酵後、パンを均等に分割する際、通常はカードを使います。生地を手で引きちぎると、切り口がぐちゃぐちゃになってしまったり、形が乱れてしまいます。すると、せっかく発生したガスが余分に抜けてしまう、グルテンの網目構造が壊れるなど、ボリュームが減ってしまうからです。注意したいのはカードの扱い方。包丁のように、前後に動かすのではなく、上から押し切るようにしましょう。切断面同士がくっついてしまわないように、すぐ離すことも大切です。

Point 26

分割時の注意点

カードを入れる回数はなるべく少なくしましょう。分割後、多いものから生地を切断し、足りないものにくっつけるのはOKです。ただし、最初から細かく切断するのはおすすめしません。それだけ生地を傷めることになり、ガスが抜ける可能性が高くなります。できるだけカードを入れる回数は減らすことを心掛けましょう。1g程度の誤差は問題ありませんが、数g以上にはならないようにしましょう。あまりに大きさに差が出ると、焼きあがり時間に差が出てしまいます。

Part2 パン作りをはじめましょう

6
ひとつずつ生地を丸めなおし、閉じ口をつまむ。
Point 27

 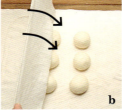
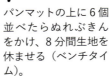

7
パンマットの上に6個並べたらぬれぶきんをかけ、8分間生地を休ませる（ベンチタイム）。
Point 28　**Point 29**

7 成形して2次発酵させる

1
打ち粉をし、手で軽くつぶしてガスを抜く。

Point 27
分割した生地を丸めなおす理由
丸めるというよりも、ガスを抜いて表面をピンと張るための工程です。丸くするのには、どんな形にも成形がしやすくなるという利点があります。分割した生地はベンチタイムを取る必要がありますが、切ったままの形で休ませると、不格好なまま膨らんでしまい、のちのちの成形がしにくくなるのです。例えば、切ったままの生地をバターロールに成形しようとしても、上手く伸ばせないので、結局一度丸めるという工程が必要になります。ならば、最初から丸い形にしてベンチタイムを取るほうが合理的です。

Point 28
ベンチタイムの必要性
ベンチタイムとは生地を休める時間のことです。分割・丸めの工程で生地は刺激されるので、またグルテンが強化されます。すると生地に弾力が生まれ固く引き締まり、このあとの成形がやりにくくなってしまいます。ここで少し生地を放置して休ませると、発酵が進んで生地が膨らみます。すると、グルテンの膜もゆるむので生地がやわらかくなり、成形がしやすくなるのです。

Point 29
ベンチタイムのときに生地にかける素材
ラップをかけると、生地に張りつくことがあるため、本書では固くしぼったぬれぶきんをおすすめしています。

LESSON 2　Basic　ドッグロール

2
中心に向かって下半分を折り、手のひらでくっつける。

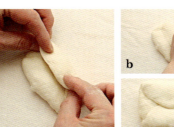

3
上半分も中心に向かって折り、手のひらでくっつける。

4
さらに半分に折り、しっかりつまんで閉じる。
Point 30

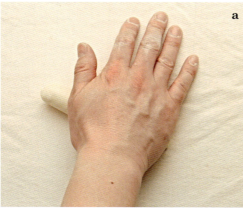
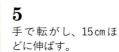
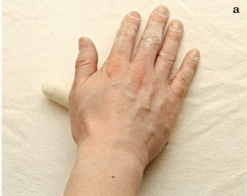

5
手で転がし、15cmほどに伸ばす。
Point 31　Point 32

閉じ口下

閉じ口上

Point 30
しっかりつまむつまみ加減

力を入れてつまむということではありません。指先で優しくつまみ、くっつけたい生地同士がはがれてこなければOKです。

Point 31
手で上手に転がせず、伸びないとき

優しく、手のひらの部分を使って転がして伸ばします。生徒さんの中には、力を入れすぎて転がしてしまい、生地をつぶしてしまって伸びないことも。力加減に注意しましょう。

Point 32
上手な伸ばし方

手で伸ばすときのポイントは手のひらのみを使って優しく転がすことです。はじめは伸ばすのに時間がかかり、生地が伸びにくくなってしまうことがあります。そんなときはぬれぶきんの下で少し休ませてから作業をしましょう。

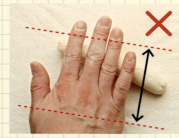

指まで使って伸ばすのはNG。手のひらのみで伸ばすこと

Part2 パン作りをはじめましょう

6
閉じ口を下にして、クッキングシートを敷いた天板にのせる。同様に5個作る。オーブンの発酵機能を40℃に設定し、30分（湿度あり）2次発酵させる。

Point 33　Point 34

※湿度機能がないオーブンの場合はバットにお湯を入れて一緒にオーブンに入れましょう。

Point 33

生地の閉じ口は下にして置く

巻き終わりは生地をつまむようにして、しっかり閉じます。これは、2次発酵や焼成で生地が膨らんだときに、生地の閉じ口が外れてしまわないようにするためです。焼いている最中に閉じ口が外れると、中のガスが抜けてしまって膨らみが足りなくなったり、表面がシワになったりしてしまいます。もちろん、見た目も悪くなります。

Point 34

天板への上手な置き方

2次発酵でさらに膨らみます。膨らむことを想定して生地同士がくっつかないように前後にずらして並べましょう。

8 仕上げて焼成する

1
天板を取り出し、オーブンを180℃の予熱に設定する。予熱が完了したら包丁で生地の中央に切り込みを1本入れ、13分焼く。

Point 35

Point 35

パンナイフでのきれいな切れ目の入れ方

2次発酵したパン生地はふわふわで、ナイフが入れにくいと感じるかもしれません。ためらうよりも、ナイフのはらを使って一気にスパッと切るようにするとよいでしょう。それでもむずかしければ、そっとパン生地に触れて切って安定させましょう。

2
焼きあがったら、クーラーの上に取り出し、粗熱をとる。

55

Arrange
コロッケパン
Croquette Bread

軽食にもももってこいのバンズ生地を作ってみましょう。
市販のコロッケを包むので、手軽に作ることができます。

Part2 パン作りをはじめましょう

材料（6個分）	分量	ベーカーズパーセント
強力粉	200g	100
塩	3g	1.5
砂糖	16g	8
バター（無塩）	16g	8
ドライイースト	3g	1.5
水	135g〜	67.5〜

成形のときに加える材料	分量
コロッケ（市販品）	3個
とんかつソース	適量

下準備
- ☐ 水は30℃に調温する
- ☐ バターは室温に戻す
- ☐ 天板にクッキングシートを敷く

パン作りの目安

こねあげ温度	26〜28℃
1次発酵	60分（オーブンの発酵 30℃で60分）
分割	6等分
ベンチタイム	8分
2次発酵	30分（オーブンの発酵 40℃／湿度あり）
焼成	13分（180℃）

※1次発酵の発酵温度と時間は、30℃で60分が基本ですが、オーブンに30℃の機能がない場合は35℃で30分に設定し、その後、オーブンのスイッチを切ってオーブンの中で30分発酵させてください。

1 生地を作る

P.45〜P.49の 4 までを参考に生地を作る。P.50の 5 を参考に1次発酵させたら6分割して丸めなおし、ぬれぶきんをかけてベンチタイムを8分とる。

2 成形する

1 手で軽くつぶしてガスを抜き、めん棒で縦10×横8cmの楕円形に伸ばす。

2 コロッケを半分に切り、とんかつソースを片面につける。

3 コロッケの切り口を中央に、ソースをつけた面を下にして生地の上半分にのせる。

4 コロッケが少し見えるように生地を下から持ち上げて折り、両端をしっかりつまんで閉じ、クッキングシートを敷いた天板にのせる。同様に5個作る。

Point

3 2次発酵させる

オーブンの発酵機能を40℃に設定し、30分（湿度あり）2次発酵させる。

※湿度機能がないオーブンの場合はバットにお湯を入れて一緒にオーブンに入れましょう。

4 焼成する

天板を取り出し、オーブンを180℃の予熱に設定する。予熱が完了したら、オーブンで13分焼く。

Point コロッケはサイドをしっかり止めましょう

コロッケ全体を包もうとするのではなく、横からはみ出てこないように写真くらい横をつまめばOKです。

Arrange
コーンマヨパン
Corn mayonaise Bread

生地にコーンを入れてみましょう。
生地作りをむずかしく感じるかもしれませんが
バターを混ぜた後にコーンを加えて
全体に混ぜればOKなので意外と簡単です。

材料（6個分）	分量	ベーカーズパーセント
強力粉	200g	100
塩	3g	1.5
砂糖	15g	7.5
バター（無塩）	15g	7.5
ドライイースト	3g	1.5
水	125g〜	62.5〜
生地に加える材料	分量	ベーカーズパーセント
ホールコーン	30g	15
仕上げの材料	分量	
ホールコーン	90g	
マヨネーズ	適量	
ピザ用チーズ	60g	

下準備
- □ 水は30℃に調温する
- □ バターは室温に戻す
- □ 天板にクッキングシートを敷く

パン作りの目安

こねあげ温度	26〜28℃
1次発酵	60分（オーブンの発酵30℃で60分）
分割	6等分
ベンチタイム	8分
2次発酵	30分（オーブンの発酵40℃／湿度あり）
焼成	13分（180℃）

※1次発酵の発酵温度と時間は、30℃で60分が基本ですが、オーブンに30℃の機能がない場合は35℃で30分に設定し、その後、オーブンのスイッチを切ってオーブンの中で30分発酵させてください。

1 生地を作る

P.45〜P.49の**4**までを参考に生地を作る。P.50の**5**を参考に1次発酵させたら6分割して丸めなおし、ぬれぶきんをかけてベンチタイムを8分とる。

※生地にコーンを加えます。加え方の詳細はP.49 Point 14 を参照してください。

2 成形する

1 手で軽くつぶしてガスを抜き、左側から中心に向かって斜めに折る。

2 右側からも中心に向かって斜めに折り、扇状にする。

3 手前から巻き、しっかりつまんで閉じる。閉じ口を下にして片手で軽く転がし、クッペ型に形を整え、クッキングシートを敷いた天板にのせる。同様に5個作る。

a

b

> クッペ型とは…
> このパンの形をクッペ型といいます。切り込みが入った紡錘形の小型のパンのことを指し、コッペパンの由来といわれています。フランス語の「クーペ」(切られた、カッティングした)の意味からきています。

3 2次発酵させる

オーブンの発酵機能を40℃に設定し、30分(湿度あり)2次発酵させる。

※湿度機能がないオーブンの場合はバットにお湯を入れて一緒にオーブンに入れましょう。

4 仕上げて焼成する

a

b

天板を取り出し、オーブンを180℃の予熱に設定する。生地の中心に包丁で約1.5cmの深さの切り込みを入れる。切り込みにコーン15gずつをのせ、マヨネーズを絞る。ピザ用チーズ10gずつをのせ、予熱が完了したら、オーブンで13分焼く。

Point

> **Point**
> 切りすぎるとパンの形が崩れてしまうので切りすぎないようにしましょう
>
> 切り口を広めに切ってしまうとコーンがこぼれてしまう原因になります。上下に少し余裕をもって切り込みを入れましょう。

Arrange
くるみのパン
Walnuts Bread

少し固いくるみを生地に混ぜ込むことにチャレンジしましょう。
くるみを混ぜることができれば、
フィリングを生地に混ぜ込む基本はできたといえます。

Part2 パン作りをはじめましょう

材料（5個分）	分量	ベーカーズパーセント
強力粉	200g	100
塩	3g	1.5
きび砂糖	10g	5
ドライイースト	3g	1.5
水	136g〜	68〜

生地に加える材料	分量	ベーカーズパーセント
くるみ	50g	25

下準備
☐ 水は30℃に調温する　　☐ 天板にクッキングシートを敷く
☐ くるみは160℃のオーブンで10分焼き、粗く砕く

パン作りの目安

こねあげ温度	26〜28℃
1次発酵	60分（オーブンの発酵30℃で60分）
分割	5等分
ベンチタイム	10分
2次発酵	40分（オーブンの発酵35℃／湿度あり）
焼成	15分（200℃）

※1次発酵の発酵温度と時間は、30℃で60分が基本ですが、オーブンに30℃の機能がない場合は35℃で30分に設定して、その後、オーブンのスイッチを切ってオーブンの中で30分発酵させてください。

1 生地を作る

P.45〜P.49の **4** までを参考に生地を作る。P.50の **5** を参考に1次発酵させたら5分割して丸めなおし、ぬれぶきんをかけてベンチタイムを10分とる。

※生地にくるみを加えます。加え方の詳細はP.49 **Point 14** を参照してください。

2 成形する

1 手で軽くつぶしてガスを抜き、生地を下に伸ばして、丸みを出す。

a　b

2 きれいな丸い形にととのえたら、生地の裏面をつまんで閉じる。

3 手で平らにする。 **Point**

縁

4 はさみで生地の縁と側面に3ヵ所ずつ切り込みを入れて、クッキングシートを敷いた天板にのせる。同様に4個作る。

側面

3 2次発酵させる

オーブンの発酵機能を35℃に設定し、40分（湿度あり）2次発酵させる。

※湿度機能がないオーブンの場合はバットにお湯を入れて一緒にオーブンに入れましょう。

4 焼成する

天板を取り出し、オーブンを200℃の予熱に設定する。予熱が完了したら、オーブンで15分焼く。

> **Point**
> **パンの厚みをつぶす**
> くるみパンの形はくるみを割ったときの形を模しているといわれています。そのため、はさみで切って形を作る前にほんのちょっとつぶすことで膨らみをおさえることができ、よりくるみの形に似てきます。

Arrange
まるごと卵パン
Whole Egg Bread

大きな卵のまわりにベーコンを巻いてから生地に包みます。
包めるのかな？と思うかもしれませんが
パン生地は伸びるので大丈夫です。

材料（6個分）	分量	ベーカーズパーセント
強力粉	200g	100
塩	4g	2
砂糖	15g	7.5
バター（無塩）	15g	7.5
黒こしょう	小さじ1/4	ー
ドライイースト	3g	1.5
水	130g〜	65〜
成形のときに加える材料	分量	
ゆで卵	6個	
ベーコン（スライス）	3枚	
仕上げの材料	分量	
マヨネーズ	適量	
ピザ用チーズ	48g	

下準備
☐ 水は30℃に調温する
☐ バターは室温に戻す
☐ プリンカップにバター（分量外）を塗る

パン作りの目安

こねあげ温度	26〜28℃
1次発酵	60分（オーブンの発酵 30℃で60分）
分割	6等分
ベンチタイム	8分
2次発酵	30分（オーブンの発酵 40℃／湿度あり）
焼成	13分（180℃）

※1次発酵の発酵温度と時間は、30℃で60分が基本ですが、オーブンに30℃の機能がない場合は35℃で30分に設定し、その後、オーブンのスイッチを切ってオーブンの中で30分発酵させてください。

Part2 パン作りをはじめましょう

1 生地を作る

P.45〜P.49の **4** までを参考に生地を作る。P.50の **5** を参考に1次発酵させたら6分割して丸めなおし、ぬれぶきんをかけてベンチタイムを8分とる。

※生地に黒こしょうを加えます。P.46の **2** の段階で一緒に加えて混ぜてください。

2 成形する

1 手で軽くつぶしてガスを抜き、めん棒で直径12cmの円形に伸ばす。

2 半分に切ったベーコンをゆで卵の中心に巻く。

3 卵を生地の中央にのせ、生地を下から押し上げるようにして包む。

Point

4 しっかりつまんで閉じる。閉じ口を下にして、バター（分量外）を塗ったプリンカップ（直径7.5cm、高さ4cm）に入れ、天板にのせる。同様に5個作る。

3 2次発酵させる

オーブンの発酵機能を40℃に設定し、30分（湿度あり）2次発酵させる。

※湿度機能がないオーブンの場合はバットにお湯を入れて一緒にオーブンに入れましょう。

4 仕上げて焼成する

1 天板を取り出し、オーブンを180℃の予熱に設定する。ゆで卵が見えるくらいまで、はさみで生地の中央に十字に切り込みを入れる。

2 切り込みの上にマヨネーズを絞り、ピザ用チーズ8gずつをのせる。予熱が完了したら、オーブンで13分焼く。

Point

上手に卵を包むコツ

卵のとがった面が生地の上にくるように置いて包みましょう。細いので上手に包むことができます。切ったときの見栄えもいいです。

とがっているほう

カレーパン
Curry Bread

揚げパンは揚げすぎると油っぽくなってしまいます。
時間と温度を守って揚げていきましょう。

材料（6個分）	分量	ベーカーズパーセント
強力粉	200g	100
塩	3g	1.5
砂糖	15g	7.5
バター（無塩）	10g	5
溶き卵	15g	7.5
ドライイースト	3g	1.5
水	115g〜	57.5〜

生地に加える材料	分量	ベーカーズパーセント
ドライパセリ	1g	0.5

下準備
- 水は30℃に調温する
- バターは室温に戻す
- カレーを作る（作り方は次ページ参照）
- 天板にクッキングシートを敷く

カレーの材料	分量
にんにく	1片
しょうが	1/2片
セロリ	1/4本
トマト	1/2個
バター	10g
合いびき肉	150g

	カレーの材料	分量
	カレー粉	大さじ1
	砂糖	小さじ1
A	ケチャップ	大さじ1
	塩	小さじ1/4
	黒こしょう	少々
	水	100ml

カレーパンの衣の材料	分量
溶き卵	適量
パン粉	適量

パン作りの目安

こねあげ温度	26〜28℃
1次発酵	60分（オーブンの発酵30℃で60分）
分割	6等分
ベンチタイム	8分
2次発酵	20分（室温）
焼成	片面1分30秒ずつ（170℃の揚げ油）

※1次発酵の発酵温度と時間は、30℃で60分が基本ですが、オーブンに30℃の機能がない場合は35℃で30分に設定し、その後、オーブンのスイッチを切ってオーブンの中で30分発酵させてください。

Part2 パン作りをはじめましょう

カレーの作り方

①にんにく、しょうが、セロリはみじん切りにし、トマトはざく切りにする。フライパンにバターを入れ中火で熱し、にんにく、しょうがを入れて炒める。

②香りがしてきたら、合いびき肉を入れて火が通るまで炒め、セロリ、トマト、Aの調味料、水を加えてよく混ぜる。

③水分が飛んでとろみが出てくるまで、5～10分煮る。

④バットに移して完全に冷ます。

1 生地を作る

P.45 ～ P.49 の **4** までを参考に生地を作る。P.50 の **5** を参考に1次発酵させたら6分割して丸めなおし、ぬれぶきんをかけてベンチタイムを8分とる。

※生地にパセリと卵を加えます。パセリは P.46 の **2** の段階で一緒に加えて全体を混ぜたら、中央にくぼみを作り、卵を加えてください。

2 成形する

a

b

1 手で軽くつぶしてガスを抜き、めん棒で縦14×横10cmの楕円形に伸ばす。生地の上半分に6等分にしたカレーをのせて、半分に折り、カレーが出てこないように生地のまわりを手でハの字に押さえる。

a

b ― 閉じ口

2 さらに縁をしっかりつまんで閉じたら閉じ口が真下になるように生地を持ち上げる。

上からみると

3 上から手で押さえて平らにする。生地の両端をつまんで形を整え、クッキングシートを敷いた天板にのせる。同様に5個作る。

4 生地全体にカレーパンの衣（溶き卵・パン粉）をつけて、クッキングシートを敷いた天板に戻す。

3 2次発酵させる

室温で20分2次発酵させる。

4 揚げる

閉じ口を下にしてフォークで表面に穴をあけたら170℃の油で、表裏1分30秒ずつ揚げる。

Point

Point
揚げているときの破裂予防

揚げている間に生地は膨らみます。揚げる前にフォークで穴をあけていれば大丈夫です。4ヵ所くらいを目安にあけましょう。穴をあけることでガスが抜け、生地が薄くなり油で揚げてもあっさりしたパンになります。

Arrange

ミルクコッペパン
Milk Coupe Bread

ドッグロールの作り方の応用編です。
ほんのり甘いシンプルな配合のコッペパンです。

材料（4個分）	分量	ベーカーズパーセント
強力粉	200g	100
塩	3g	1.5
砂糖	35g	17.5
バター（無塩）	30g	15
ドライイースト	3g	1.5
水	40g〜	20〜
牛乳	100g	50

下準備
☐ 牛乳は室温に戻し、水は30℃に調温する
☐ バターは室温に戻す
☐ 天板にクッキングシートを敷く

パン作りの目安

こねあげ温度	26〜28℃
1次発酵	60分（オーブンの発酵 30℃で60分）
分割	4等分
ベンチタイム	10分
2次発酵	30分（オーブンの発酵 40℃／湿度あり）
焼成	15分（180℃）

※1次発酵の発酵温度と時間は、30℃で60分が基本ですが、オーブンに30℃の機能がない場合は35℃で30分に設定し、その後、オーブンのスイッチを切ってオーブンの中で30分発酵させてください。

1 生地を作る

P.45～P.49の4までを参考に生地を作る。P.50の5を参考に1次発酵させたら4分割して丸めなおし、ぬれぶきんをかけてベンチタイムを10分とる。
※このレシピは水（仕込み水）の一部が牛乳になっています。

2 成形する

1 手で軽くつぶしてガスを抜く。

2 下半分を中心に向かって折り、くっつける。

3 同様に上半分も中心に向かって折り、くっつける。

4 さらに半分に折り、しっかりつまんで閉じる。

5 ころころと転がし、形を整えたらクッキングシートを敷いた天板にのせる。同様に3個作る。

Point

3 2次発酵させる

オーブンの発酵機能を40℃に設定し、30分（湿度あり）2次発酵させる。

※湿度機能がないオーブンの場合はバットにお湯を入れて一緒にオーブンに入れましょう。

4 仕上げて焼成する

天板を取り出し、オーブンを180℃の予熱に設定する。予熱が完了したら、包丁で生地の中央に切り込みを入れオーブンで15分焼く。

Point つぶしながら転がすコツ

力を入れずにころころと転がすのではなく、つぶしながら転がして伸ばしていきます。力を入れすぎないように注意しましょう。

LESSON 3

基本の食パン生地

ストレート製法（すべての材料を一度に混ぜる製法）で作る食パンです。バターロールと同様、しっかりこねた生地で作るためソフトな食感になりますが、砂糖や油脂の量は少ないため、リーン系に分類されています。

ストレート食パン
Straight sliced bread

山型食パンとは、丸く膨らんだ食パンのこと。焼きあげる際にフタをしないと山型、フタをすると角食パンができあがります。今回は角食パンを紹介します。

材料（1斤分）	分量	ベーカーズパーセント
強力粉	230g	100
塩	3g	1.3
砂糖	14g	6
スキムミルク	6g	2.6
ショートニング	10g	4.3
ドライイースト	4g	1.7
水	165g〜	71〜

下準備
☐ 水は30℃に調温する　　☐ 型にバター（分量外）を塗る

パン作りの目安

こねあげ温度	26〜28℃
1次発酵	60分（オーブンの発酵30℃で60分）
分割	2等分
ベンチタイム	15分
2次発酵	30分〜（オーブンの発酵40℃／湿度あり）
焼成	25分（190℃）

※1次発酵の発酵温度と時間は、30℃で60分が基本ですが、オーブンに30℃の機能がない場合は35℃で30分に設定し、その後、オーブンのスイッチを切ってオーブンの中で30分発酵させてください。

1 計量する

はかりでひとつずつの材料を正確に計量する。30℃の水（仕込み水）を用意する。

Point 1

Point 1
計量は正確に
1gでも粉の量が変われば、適切な水の量も変わってきます。結果として生地が固くなったり、食感が悪くなってしまう可能性があります。おいしいパンを作るためにも、計量はレシピ通りにきっちりと行いましょう。塩やイーストなどの分量の少ないものはとくに注意が必要です。

2 材料をボウルに入れてまとめる

1
計量した30℃の仕込み水にイーストを入れる。

Point 2

Point 2
仕込み水の温度
こねあげ温度に影響するので、守りましょう。「仕込み水」の温度は5〜40℃の範囲で調整可能とされており、生地の状態や室温、湿度などで適切な温度は変わってきます。適正温度の算出は経験とデータの蓄積が必要になり、本書の仕込み水の温度は室温20〜25℃、湿度50〜70%の環境で設定して算出しています。水はパン生地の材料の中での割合が多く、こねあげ温度にかかわりますので面倒でも温度は守りましょう。

LESSON 3 *Basic* ストレート食パン

2 ボウルに強力粉、塩、砂糖、スキムミルクを入れて手で混ぜる。
Point 3

3 1のイーストと仕込み水を指で混ぜて2のボウルに入れて混ぜる。
Point 4

4 全体が混ざったら、ボウルのまわりについた粉を取りながら手でもみ、ひとかたまりになったらボウルから取り出す。
Point 5

※このとき、水が足りず生地がまとまるのがいつもより遅く感じたら小さじ1程度～の調整水を加えます。

手についた生地

ボウルについた生地

5 カードで手やボウルについた生地を取り、4の生地に加えたら作業台の上に伸ばす。
Point 6

Point 3
ボウルに材料を入れる順番
材料を入れる順番にとくに決まりはありません。記載されている材料順に入れていくと入れ忘れなどがないので安心です。

Point 4
水は最後に加える
素材によって、水の吸水性が違うので水は最後に加えましょう。例えば、スキムミルクは吸水性が高いので、ほかの材料よりも早く水を吸ってしまい、全体がうまく混ざらなくなってしまいます。それを避けるために、あらかじめ水以外の材料（粉もの）を混ぜ合わせておきます。水を入れたらすぐに混ぜていきましょう。粉を先に混ぜても吸水性には差がありますから、放っておくと水が均一に行き渡らずダマになってしまいます。

Point 5
生地のまとめ方
手をパーにした状態からグーにして指の間から生地が出てくるように、もみながらまとめます。まとまってきたら、ボウルの底や側面に残った粉も生地に含まれるように押さえながらまとめましょう。

指の間から生地が出るようにもむ

Point 6
手やボウルなどについた生地はきれいに取る
まだ生地がやわらかい段階では手やボウル、カードにくっつきやすくなっています。それらを適宜、きれいに取り除きましょう。手についた生地は、そのままにしておくと乾燥してしまいます。また、あまり手やカードに生地がくっついてしまうと、生地の総量が変わってしまい、焼きあげたときにボリュームが少なくなる可能性もあります。

Part2 パン作りをはじめましょう

6 カードで生地を手元に集め、手についた生地もきれいに取る。再度 **5** のように生地を伸ばしカードで生地を手元に集めるという作業を何度も繰り返し、生地が作業台につかなくなるくらいまで繰り返す。

3 生地をこねる

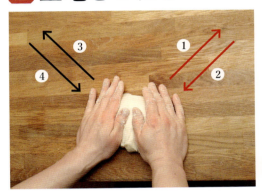

1 手元に生地を置き、自分から見てVの字を描くような作業（右斜め上に生地を伸ばしてこね、手元に戻る。その後、左斜め上に生地を伸ばしてこね、手元に戻る）を繰り返す。
Point 7

2 途中指先を使って生地を薄く伸ばし、グルテンの膜ができているかを調べる。
Point 8

3 生地を丸く伸ばし、中央にショートニングを置き、少し伸ばす。
Point 9

Point 7
生地こねの目安は100回くらい

何度も作れば、タイミングがわかってきますがはじめはむずかしいと思います。目安としては左の写真にあるようにVの字（自分の手元から右斜め上に動かし、手元に戻ってきたら左斜め上に動かし、手元に戻るまで）を描くのを1回とカウントした場合、Vの字を100回くらいが目安です。

Point 8
グルテン膜の途中確認

この段階では、まだこねている途中です。こねあげのときにきれいなグルテンの膜ができていればOKなので、この段階では、写真のような大きな穴があいてしまうようでなければ大丈夫です。

Point 9
ショートニングとバターの違い

バターは生乳の乳脂肪を集めて作られた動物性油脂です。一方、ショートニングは製菓や製パン用に開発された、植物性油脂や動物性油脂を元に作られた固形油脂です。水分や乳成分を含まない分、無味無臭になっています。ショートニングの特徴は、製パンに使うと、サクサクとした歯切れのよい食感を生み出すこと。また、水分が少ない分、生地に練り込みやすく、焼きあげた際に窯伸びがよくなることです。本書の食パンのレシピ（ストレート食パン、中種食パン）では、窯伸びのよさを見込んでショートニングを使用しています。なお、バターを使うと風味が濃厚な食パンに仕上がります。

LESSON 3 Basic ストレート食パン

4
生地を半分に折る。

5
生地を上に伸ばし、カードで手元に集めてくるという作業を繰り返し、ショートニングが生地全体に混ざるようにこねる。
Point 10

6
生地が作業台の上から離れ、まとまってくるまでこねる。
Point 11

④ 生地をたたきつける

1
生地を広げ利き手の人差し指から小指までを生地の端に引っかける。ふりあげて作業台の上に生地をたたきつける。
Point 12 Point 13

Point 10
ショートニングが生地全体に混ざった状態の判断方法

ショートニングを加えると、せっかくまとめた生地がまた、まとまりのない状態に逆戻りしたように感じるので、びっくりするかもしれませんが、必ずまとまります。作業台に生地がつかなくなればOK。次の工程に進めます。

Point 11
生地に具を入れるタイミング

本書に掲載しているレシピで生地の中に具を入れる場合は、この段階で加えます。バターやショートニングなどの油脂を混ぜるのと同様、Vの字にこねる作業を繰り返し、生地全体に具が混ざればOKです。

Point 12
生地は伸ばしてからたたく

生地をたたきやすくするために少し伸ばしましょう。伸ばし方は生地を両手で持ち、左右に揺らして伸ばします。

下から見た図。生地の端に少し余裕を持たせて左右に動かして伸ばす

Point 13
上手なたたきつけの方法

生地を持ち上げたら、重力に逆らわずに肘から落とすようにしてたたきつけます。手首だけでたたきつけると変な力が入って、生地が切れやすくなりますので注意してください。

Part2 パン作りをはじめましょう

2
生地を持ち上げて奥の生地と手で持っている部分を重ねる。重ねた生地の横側を持ち（**b**のマーク部分）、その面を手前に持ち上げたら、ふりあげて作業台の上にたたきつける（**1-b ～ 2**までをたたきつけ1回とする）。これを繰り返し、生地をこねあげる。

Point 14

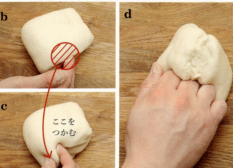

Point 14
こねあがりの目安時間
本来、生地をこねている時間ではなく、グルテン膜ができているかどうか、生地のハリ感など生地の状態で判断します。ただ、これも経験を積んだ勘に頼るところなので、はじめのうちはたたきつけ250回くらいが目安と思っておきましょう。

3
グルテン膜ができていたら完成。

Point 15

Point 15
グルテン膜の見方
中指を人差し指の下に添えて人差し指と中指で生地を伸ばすようにゆっくり広げます。途中、生地が切れたりしなければOKです。

5 生地を丸めて1次発酵させる

1
生地を丸めなおし、表面に膜がピンと張ったら裏側を閉じる。生地に温度計をさし、温度をはかる（26～28℃ならOK）。

Point 16　Point 17

Point 16
温度計の必要性
パン作りのなかでも大切なのが、こねあげ温度。パンの種類ごとに適切な温度が決まっています。少しの温度差でもパンの発酵時間が変わってくるので正確にはかるためにも温度計を用意したほうがよいでしょう。

Point 17
目標のこねあげ温度にならなかった場合
こねあげ温度は±0.5℃ほどなら、ずれても大丈夫といわれています。それよりも低い場合は、1次発酵の時間を長くして発酵を促す必要がありますが、せいぜい－5℃が修正の効く範囲です。一方、2℃以上高かった場合は、イーストが活発に動きはじめているので修正が効きにくくなります。パンの味、形、膨らみが崩れることを覚悟して、1次発酵の段階で生地を冷やす以外にありません。

LESSON 3　Basic　ストレート食パン

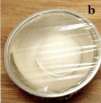

2
ボウルに生地を入れ、ラップをして1次発酵させる。
（オーブンの発酵機能を30℃に設定して60分発酵させる）

※お手持ちのオーブンの発酵機能が35℃の場合は30分発酵させ、そのままスイッチを切ってオーブンの中で30分発酵させましょう。

Point 18

Point 18
ラップで生地の乾燥を防ぐ

発酵するにつれ、生地は膨らみます。このとき、生地が乾燥していると伸びが悪く、膨らみが悪くなることも。また、焼きあげたときにその部分が固くなってしまうので、発酵中の生地の乾燥を防ぐために、ラップをかけます。

⑥ フィンガーテストをして生地を分割して休ませる

1
生地の表面に打ち粉をし、人差し指にも粉をつけたら、生地の中心をさす（フィンガーテスト）。指を抜き、穴が小さくならなければOK。

Point 19

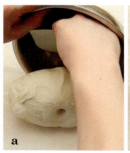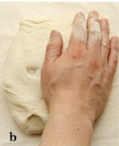

2
パンマットを敷き、打ち粉をしてボウルから生地を取り出し、手で軽くつぶしてガスを抜く。

Point 20

3
手前からくるくると巻いたら、総量をはかりではかる。

Point 19
フィンガーテストの正しい方法

生地に人差し指を入れて、生地の戻り具合を確かめるのが「フィンガーテスト」です。まず、生地の表面に打ち粉（強力粉）をふり人差し指にも粉を薄くつけます。生地に対して垂直に、第二関節あたりまで沈めます。そのまま、まっすぐ上にすっと抜き、このときの状況で判断します。

・できた穴が小さくなって埋まろうとしている→発酵不足
・少し穴が小さくなるが、そのまま保たれている→ちょうどいい発酵
・穴をあけると空気が抜けたように生地がしぼむ、気泡ができる→過発酵

と判定ができます。発酵不足の場合は発酵を足せばリカバーできますが、過発酵してしまうと難しくなります。

Point 20
ガス抜きをする理由

一度発生させたガスを抜くのは、発酵でゆるんだ生地に刺激を与えて、グルテンのさらなる形成を促し、網目構造を密にする目的があります。また発酵で発生したアルコールが生地内に充満すると、イーストの活動力が下がります。生地をつぶすとアルコールも逃げるので、イーストが再びよく動くようになります。もうひとつは、生地内に発生した気泡をつぶして、小さな気泡にする役割もあります。こうすることで、きめの細かい生地ができあがります。

Part2 パン作りをはじめましょう

4
3ではかった総量から2等分になるように分割する。
Point 21

Point 21
分割時の注意点

カードを入れる回数はなるべく少なくしましょう。分割後、多いものから生地を切断し、足りないものにくっつけるのはOKです。ただし、最初から細かく切断するのはおすすめしません。それだけ生地を傷めることになり、ガスが抜ける可能性が高くなります。できるだけカードを入れる回数は減らすことを心掛けましょう。1ｇ程度の誤差は問題ありませんが、数ｇ以上にはならないようにしましょう。あまりに大きさに差が出ると、焼きあがり時間に差が出てしまいます。

5
ひとつずつ生地を丸めなおし、閉じ口をつまむ。
Point 22

Point 22
分割した生地を丸めなおす理由

丸めるというよりも、ガスを抜いて表面をピンと張るための工程です。丸くするのには、どんな形にも成形がしやすくなるという利点があります。分割した生地はベンチタイムを取る必要がありますが、切ったままの形で休ませると、不格好なまま膨らんでしまい、のちのちの成形がしにくくなるのです。例えば、切ったままの生地をバターロールに成形しようとしても、上手く伸ばせないので、結局一度丸めるという工程が必要になります。ならば、最初から丸い形にしてベンチタイムを取るほうが合理的です。

6
パンマットの上に2個並べたらぬれぶきんをかけ、15分間生地を休ませる（ベンチタイム）。
Point 23

Point 23
ベンチタイムの必要性

ベンチタイムとは生地を休める時間のことです。分割・丸めの工程で生地は刺激されるので、またグルテンが強化されます。すると生地に弾力が生まれ固く引き締まり、このあとの成形がやりにくくなってしまいます。ここで少し生地を放置して休ませると、発酵が進んで生地が膨らみます。すると、グルテンの膜もゆるむので生地がやわらかくなり、成形がしやすくなるのです。

7 成形して2次発酵させる

1
打ち粉をし、手で軽くつぶしてガスを抜く。

LESSON 3 Basic ストレート食パン

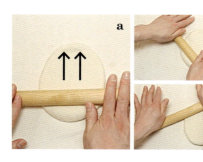

2 生地の縦・横・斜めにめん棒をあてて伸ばす。
Point 24

3 裏返して同様に生地を伸ばし、縦20×横15cmの長方形に伸ばす。

4 もう1枚も同様に伸ばす。
Point 25　Point 26

5 生地の縦中心に左側を縦半分に折り、くっつける。

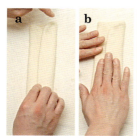 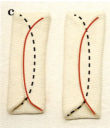

6 右半分を左側の折り目に少し重なるように折り、くっつける。同様にもうひとつ作る。

 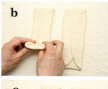 

7 めん棒を転がして軽く押さえ、手前から巻く。

Point 24
めん棒でうまく長方形を作るコツ

めん棒は一方向から伸ばすだけではなく、上下にかけたら対角線状にクロスしてかけます。また、めん棒は生地から落ちないように伸ばすとガスがたまってしまうので要注意。必ず生地から落としましょう。

生地の上で止めるとガスがたまるのでNG

OK

Point 25
2個同時に作る

食パン型に入れて発酵させるため、同時に型入れできるようにしたいので2個同時に作ります。ひとつ伸ばしているときは、もうひとつをぬれぶきんの下で休ませるといったように少しずつ伸ばします。

Point 26
閉じ口が内側になるように気をつける

生地の表裏はパンの出来上がりに影響を与えます。めん棒で伸ばしている間にわからなくなりそうですが必ず覚えておきましょう。閉じ口を上にして生地を折りたたんでいきましょう。

閉じ口が上の状態にしてからパン生地を折りたたんでいきましょう。

Part2 パン作りをはじめましょう

8

手でバター（分量外）を塗った型に、7 の生地の巻き終わりを下にして同じ方向にならないように入れて天板にのせる。オーブンの発酵機能を40℃に設定し、30分（湿度あり）2次発酵させる。

Point 27

※湿度機能がないオーブンの場合はバットにお湯を入れて一緒にオーブンに入れましょう。

❽ 仕上げて焼成する

1

天板を取り出し、オーブンを190℃の予熱に設定する。予熱が完了したらフタをして、霧吹きをフタの表面に吹きかけ25分焼く。

Point 28 **Point 29**

2

焼きあがったら、クーラーの上に取り出し、粗熱をとる。

Point 30

Point 27
型に入れる方向

巻き終わりが一緒にならないように型に入れましょう。パンの膨らみ方が変わってきてしまいます。

Point 28
2次発酵の目安

型の7〜8割まで生地があがっていれば焼きごろです。

Point 29
霧吹きをかける理由

型の上に霧吹きをかけることで窯伸びを促進させ、よりおいしいパンができます。

Point 30
食パンの成功失敗判断例

食パン型にきれいにはまった状態で焼ければOKです。型についていない、型からあふれるくらいぎっしりしているなどはNGです。写真を参考にしてみてください。

型まで伸びていない　　　角ができすぎ

LESSON 3
Arrange
中種発酵の生地に挑戦

生地の一部を先に発酵させ、それを中種として使う製法を中種製法といいます。ストレート製法よりも生地の伸びがいいので、口溶けのよいソフトな食感に仕上がります。手間暇がかかるぶん、リッチな味わいです。

中種食パン
Nakadane sliced bread

中種製法で作る山型食パンで、中種の作り方を学びましょう。
さまざまなパンに応用ができ、生地の種類が広がります。
フロアタイムが出てくるので、室温にも注意が必要です。

材料（1斤分）

中種の材料	分量	ベーカーズ パーセント
強力粉	175g	70
ドライイースト	5g	2
水	110g	44

本ごねの材料	分量	ベーカーズ パーセント
強力粉	75g	30
塩	4g	1.6
砂糖	15g	6
スキムミルク	5g	2
ショートニング	15g	6
水	65g〜	26〜

下準備
☐ 水は30℃に調温する　　☐ 型にバター（分量外）を塗る

パン作りの目安

こねあげ温度	26〜28℃
中種の発酵	60分（オーブンの発酵 30℃で60分）
フロアタイム	室温で30分
分割	2等分
ベンチタイム	15分
2次発酵	30分（オーブンの発酵 40℃／湿度あり）
焼成	25分（190℃）

※中種の発酵温度と時間は、30℃で60分が基本ですが、オーブンに30℃の機能がない場合は35℃で30分に設定し、その後、オーブンのスイッチを切ってオーブンの中で30分発酵させてください。

1 計量する

はかりでひとつずつの材料を正確に計量する。30℃の水（仕込み水）を用意する。

Point 1

Point 1
計量は正確に

1gでも粉の量が変われば、適切な水の量も変わってきます。結果として生地が固くなったり、食感が悪くなってしまう可能性があります。おいしいパンを作るためにも、計量はレシピ通りにきっちりと行いましょう。塩やイーストなどの分量の少ないものはとくに注意が必要です。

Point 2
仕込み水の温度

こねあげ温度に影響するので、守りましょう。「仕込み水」の温度は5〜40℃の範囲で調整可能とされており、生地の状態や室温、湿度などで適切な温度は変わってきます。適正温度の算出は経験とデータの蓄積が必要になり、本書の仕込み水の温度は室温20〜25℃、湿度50〜70％の環境で設定して算出しています。水はパン生地の材料の中での割合が多く、こねあげ温度にかかわりますので面倒でも温度は守りましょう。

2 中種の材料をボウルに入れてまとめる

1
計量した30℃の仕込み水にイーストを入れる。

Point 2

LESSON 3 *Arrange* 中種食パン

2 ボウルに強力粉を入れて手で混ぜる。

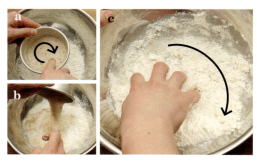

3 1のイーストと仕込み水を指で混ぜて2のボウルに入れて混ぜる。
Point 3

4 全体が混ざったら、ボウルのまわりについた粉を取りながら手でもみ、ひとかたまりになったらボウルから取り出す。
Point 4

5 作業台の上で伸ばしてまとめる。

❸ 中種生地をこねて発酵させる

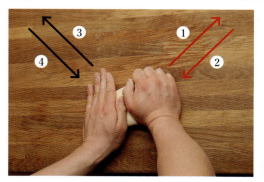

1 手元に生地を置き、自分から見てVの字を描くような作業（右斜め上に生地を伸ばしてこね、手元に戻る。その後、左斜め上に生地を伸ばしてこね、手元に戻る）を繰り返す。
Point 5

Point 3
水を最後に加えたら混ぜる
ダマを作らないためにも水を加えたらすぐに混ぜましょう。放っておくと水が均一に行き渡らずダマになってしまいます。

Point 4
生地のまとめ方
手をパーにした状態からグーにして指の間から生地が出てくるように、もみながらまとめます。まとまってきたら、ボウルの底や側面に残った粉も生地に含まれるように押さえながらまとめましょう。

指の間から生地が出るようにもむ

Point 5
中種生地こねの目安は50回くらい
中種の生地なので量は少なめです。目安としては左の写真にあるようにVの字（自分の手元から右斜め上に動かし、手元に戻ってきたら左斜め上に動かし、手元に戻るまで）を描くのを1回とカウントした場合、Vの字を50回くらいが目安です。

2

生地を丸めなおし、裏側を閉じる。生地に温度計をさし、温度をはかる（26〜28℃ならOK）。**Point 6**

3

ボウルに生地を入れ、ラップをして中種を発酵させる。（オーブンの発酵機能を30℃に設定して60分発酵させる）

※お手持ちのオーブンの発酵機能が35℃の場合は30分発酵させ、そのままスイッチを切ってオーブンの中で30分発酵させましょう。

４ 本ごね生地を作り、まとめる

1

中種の発酵が終わったら、カードを使い、ガスを抜きながら取り出す。**Point 7**

2

ボウルに本ごねの材料の強力粉、塩、砂糖、スキムミルクを入れて混ぜる。

3

水を入れて混ぜる。

4

1の中種をカードで8個ほどに切り、ボウルに加える。

Part2　パン作りをはじめましょう

Point 6

中種生地の表面

ほかのパン生地のように表面に膜がピンと張った状態じゃなく、少しざらついていてOKです。

Point 7

上手なガスの抜き方

均一にガスを抜くために、ボウルの縁にカードを使って押しつける感じで生地からガスを抜きましょう。

LESSON 3 *Arrange* 中種食パン

5
手で混ぜたり、カードでボウルのまわりについた生地を取りながら混ぜる。ある程度混ざったら作業台の上に出す。
Point 8

6
作業台の上で生地を上に伸ばし、カードで手元に戻すを繰り返し、作業台につかなくなるまで繰り返す。
Point 9

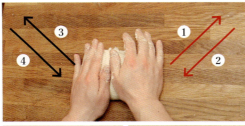

7
P.80 **3** -1を参考にVの字を描くようにこねる。
Point 10

8
生地を丸く伸ばし、中央にショートニングを置き、少し伸ばす。

9
生地を半分に折る。

Point 8
混ぜ方

手で触ったときに生地は均一ではなくベタつく状態ですがひとかたまりになったくらいが取り出す目安です。

Point 9
ベタつきが抑まらないときのコツ

この生地はこねはじめはベタつくので、まとまるまで時間がかかると思うかもしれません。手についているととくにベタついて感じるのでカードで何度も手をきれいにしながら進めていきましょう。

Point 10
本ごね生地のこねあがりの目安時間

何度も作れば、タイミングがわかってきますがはじめはむずかしいと思います。目安としては左の写真にあるようにVの字（自分の手元から右斜め上に動かし、手元に戻ってきたら左斜め上に動かし、手元に戻るまで）を描くのを1回とカウントした場合、Vの字を100回くらいが目安です。

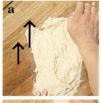

10
生地を上に伸ばし、カードで手元に集めてくるという作業を繰り返し、ショートニングが生地全体に混ざるようにこねる。
Point 11

11
生地が作業台の上から離れ、まとまってくるまで繰り返す。
Point 12

5 生地をたたきつける

1
生地を広げ利き手の人差し指から小指までを生地の端に引っかける。ふりあげて作業台の上に生地をたたきつける。

2
生地を持ち上げて奥の生地と手で持っている部分を重ねる。重ねた生地の横側を持ち（**b**のマーク部分）、その面を手前に持ち上げたら、**1**のようにふりあげて作業台の上にたたきつける（**1**〜**2**までをたたきつけ1回とする）。これを繰り返し、生地をこねあげる。
Point 13

Point 11

ショートニングが生地全体に混ざった状態の判断方法

ショートニングを加えると、せっかくまとめた生地がまた、まとまりのない状態に逆戻りしたように感じるので、びっくりするかもしれませんが、必ずまとまります。作業台に生地がつかなくなればOK。次の工程に進めます。

Point 12

生地に具を入れるタイミング

本書に掲載しているレシピで生地の中に具を入れる場合は、この段階で加えます。バターやショートニングなどの油脂を混ぜるのと同様、Vの字にこねる作業を繰り返し、生地全体に具が混ざればOKです。

Point 13

たたきつけてこねあがる目安時間

本来、生地をこねている時間ではなく、グルテン膜ができているかどうか、生地のハリ感など生地の状態で判断します。ただ、これも経験を積んだ勘に頼るところなので、はじめのうちはたたきつけ200回くらいが目安と思っておきましょう。

LESSON 3 *Arrange* 中種食パン

3
グルテン膜ができていたら完成。
Point 14

Point 14
グルテン膜の見方
中指を人差し指の下に添えて人差し指と中指で生地を伸ばすようにゆっくり広げます。途中、生地が切れたりしなければOKです。

6 生地を丸めてフロアタイムをとる

1
生地を丸めなおし、表面に膜がピンと張ったら、裏側を閉じる。生地に温度計をさし、温度をはかる（26〜28℃ならOK）。
Point 15　Point 16

2
ボウルに生地を入れ、ラップをしてフロアタイムをとる。
（室温で30分発酵させる）
Point 17

Point 15
温度計の必要性
パン作りのなかでも大切なのが、こねあげ温度。パンの種類ごとに適切な温度が決まっています。少しの温度差でもパンの発酵時間が変わってくるので正確にはかるためにも温度計を用意したほうがよいでしょう。

Point 16
目標のこねあげ温度にならなかった場合
こねあげ温度は±0.5℃ほどなら、ずれても大丈夫といわれています。それよりも低い場合は、1次発酵の時間を長くして発酵を促す必要がありますが、せいぜい−5℃が修正の効く範囲です。一方、2℃以上高かった場合は、イーストが活発に動きはじめているので修正が効きにくくなります。パンの味、形、膨らみが崩れることを覚悟して、1次発酵の段階で生地を冷やす以外にありません。

Point 17
本ごねしたあとのフロアタイムとは
先に発酵させた中種の生地と本ごね生地がなじんだところで、再度発酵させることです。室温で30分ほどかけて発酵させます。

7 生地を分割して休ませる

1
パンマットを敷き、打ち粉をしてボウルから生地を取り出し、手で軽くつぶしてガスを抜く。

84

Part2 パン作りをはじめましょう

2
手前からくるくると巻いたら、総量をはかりではかる。

3
2ではかった総量から2等分になるように分割する。
Point 18

4
ひとつずつ生地を丸めなおし、閉じ口をつまむ。
Point 19

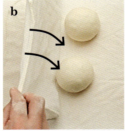

5
パンマットの上に2個並べたらぬれぶきんをかけ、15分間生地を休ませる（ベンチタイム）。
Point 20

8 成形して2次発酵させる

1
打ち粉をし、手で軽くつぶしてガスを抜く。

Point 18
分割時の注意点
カードを入れる回数はなるべく少なくしましょう。分割後、多いものから生地を切断し、足りないものにくっつけるのはOKです。ただし、最初から細かく切断するのはおすすめしません。それだけ生地を傷めることになり、ガスが抜ける可能性が高くなります。できるだけカードを入れる回数は減らすことを心掛けましょう。1g程度の誤差は問題ありませんが、数g以上にはならないようにしましょう。あまりに大きさに差が出ると、焼きあがり時間に差が出てしまいます。

Point 19
分割した生地を丸めなおす理由
丸めるというよりも、ガスを抜いて表面をピンと張るための工程です。丸くするのには、成形がしやすくなるという利点があります。分割した生地はベンチタイムを取る必要がありますが、切ったままの形で休ませると、不格好なまま膨らんでしまい、のちのちの成形がしにくくなるのです。例えば、切ったままの生地をバターロールに成形しようとしても、上手く伸ばせないので、結局一度丸めるという工程が必要になります。ならば、最初から丸い形にしてベンチタイムを取るほうが合理的です。

Point 20
ベンチタイムのときに生地にかける素材
ラップをかけると、生地に張りつくことがあるため、本書では固くしぼったぬれぶきんをおすすめしています。

LESSON 3 Arrange 中種食パン

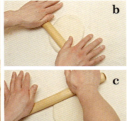

2
生地の縦・横・斜めにめん棒をあてて伸ばす。
Point 21

3
裏返して同様に生地を伸ばし、縦20×横15cmの長方形に伸ばす。

4
もう1枚も同様に伸ばす。
Point 22 Point 23

5
生地の縦中心に左側を縦半分に折り、くっつける。

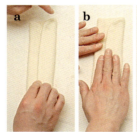

6
右半分を左側の折り目に少し重なるように折り、くっつける。同様にもうひとつ作る。

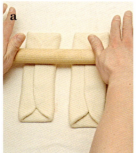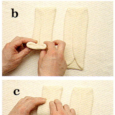

7
めん棒を転がして軽く押さえ、手前から巻く。

Point 21
めん棒でうまく長方形を作るコツ

めん棒は一方向から伸ばすだけではなく、上下にかけたら対角線状にクロスしてかけます。また、めん棒は生地から落ちないように伸ばすとガスがたまってしまうので要注意。必ず生地から落としましょう。

生地の上で止めるとガスがたまるのでNG

OK

Point 22
2個同時に作る

食パン型に入れて発酵させるため、同時に型入れできるようにしたいので2個同時に作ります。ひとつ伸ばしているときは、もうひとつをぬれぶきんの下で休ませるといったように少しずつ伸ばします。

Point 23
閉じ口が内側になるように気をつける

生地の表裏はパンの出来上がりに影響を与えます。めん棒で伸ばしている間にわからなくなりそうですが必ず覚えておきましょう。閉じ口を上にして生地を折りたたんでいきましょう。

閉じ口が上の状態にしてからパン生地を折りたたんでいきましょう。

Part2 パン作りをはじめましょう

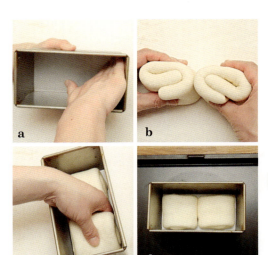

8
手でバター（分量外）を塗った型に、7の生地の巻き終わりを下にして同じ方向にならないように入れて天板にのせる。オーブンの発酵機能を40℃に設定し、30分（湿度あり）2次発酵させる。

Point 24

※湿度機能がないオーブンの場合はバットにお湯を入れて一緒にオーブンに入れましょう。

⑨ 仕上げて焼成する

1
天板を取り出し、オーブンを190℃の予熱に設定する。予熱が完了したら霧吹きをパンの表面に吹きかけ25分焼く。

Point 25

2
焼きあがったら、クーラーの上に取り出し、粗熱をとる。

Point 26

Point 24

型に入れる方向
巻き終わりが一緒にならないように型に入れましょう。パンの膨らみ方が変わってきてしまいます。

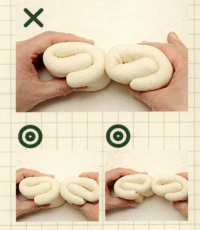

Point 25

2次発酵の目安
写真のように型から1cmくらい出ていればOKです。これよりも、低い場合は発酵時間をプラスしてみましょう。

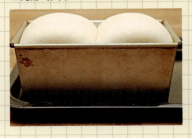

Point 26

型からすぐに出す
型の中に入れっぱなしにしておくと水蒸気が発生して、外側がしわしわのパンになってしまいます。必ず焼きあがったらすぐにクーラーに出し、粗熱をとりましょう。

87

Column

パウンド型
を使ってパン作りに挑戦！

ここからはパウンド型を使ったパン3種類を紹介します。食パン型よりもひとまわり小さなパウンド型はアレンジパンを作るのにとても便利です。

Arrange 1

バターの代わりに菜種油を使ったヘルシーな食パンです。

ミニ食パン
Mini Loaf of Bread

材料（1本分）	分量	ベーカーズパーセント
強力粉	200g	100
塩	3g	1.5
砂糖	10g	5
菜種油	10g	5
ドライイースト	3g	1.5
水	145g〜	72.5〜

下準備
☐ 水は30℃に調温する　　☐ 型にバター（分量外）を塗る

パン作りの目安

こねあげ温度	26〜28℃
1次発酵	60分（オーブンの発酵 30℃で60分）
分割	−
ベンチタイム	15分
2次発酵	40分（オーブンの発酵 40℃／湿度あり）
焼成	16分（200℃）

※1次発酵の発酵温度と時間は、30℃で60分が基本ですが、オーブンに30℃の機能がない場合は35℃で30分に設定し、その後、オーブンのスイッチを切ってオーブンの中で30分発酵させてください。

1 生地を作る

P.69〜P.72の**4**までを参考に生地を作る。P.73の**5**を参考に1次発酵させたら丸めなおし、ぬれぶきんをかけてベンチタイムを15分とる。

※生地に菜種油を加えます。P.70の**2**の粉ものを混ぜ終えた段階で中央にくぼみを作り、菜種油を加えてください。

2 成形する

1 手で軽くつぶしてガスを抜き、平らにする。

a

2 手前からくるくると巻いて、巻き終わりをしっかりつまんで閉じる。

b

3 片手で軽く転がす。

4 閉じ口を下にして、バター（分量外）を塗ったパウンド型に入れ、天板にのせる。

Q1

3 2次発酵させる

オーブンの発酵機能を40℃に設定し、40分（湿度あり）2次発酵させる。

※湿度機能がないオーブンの場合はバットにお湯を入れて一緒にオーブンに入れましょう。

4 仕上げて焼成する

天板を取り出し、オーブンを200℃の予熱に設定する。予熱が完了したら、生地全体に霧吹きをかけ、オーブンで16分焼く。

Q1 パウンド型へのバターの上手な塗り方は？

A1 手で塗ります

バターを刷毛で塗ったほうがいいと思う方も多いようですが、手で塗る方法がおすすめです。指のほうが隅々まで届くので上手に塗ることができ、型から簡単に取り出せます。本誌で紹介するパウンド型は縦8×横17.5×高さ8cmの物を使用しています。

黒糖ロールパン

Arrange 2

Kokutou Roll Bread

パウンド型を2個使って作るパンを紹介します。
2本一気に作れるのでギフトなどにもどうぞ。

材料（2本分）	分量	ベーカーズパーセント
強力粉	200g	100
塩	2g	1
黒糖	30g	15
バター（無塩）	20g	10
溶き卵	25g	12.5
ドライイースト	3g	1.5
水	20g〜	10〜
牛乳	100g	50

成形のときに加える材料	分量
溶かしバター	適量
黒糖	小さじ3

下準備
☐ 牛乳は室温に戻し、水は30℃に調温する
☐ バターは室温に戻す
☐ 型にバター（分量外）を塗る

パン作りの目安

こねあげ温度	26〜28℃
1次発酵	60分（オーブンの発酵 30℃で60分）
分割	2等分
ベンチタイム	15分
2次発酵	30分（オーブンの発酵 40℃／湿度あり）
焼成	16分（180℃）

※1次発酵の発酵温度と時間は、30℃で60分が基本ですが、オーブンに30℃の機能がない場合は35℃で30分に設定し、その後、オーブンのスイッチを切ってオーブンの中で30分発酵させてください。

1 生地を作る

P.69〜P.72の **4** までを参考に生地を作る。P.73の **5** を参考に1次発酵させたら2分割にして丸めなおし、ぬれぶきんをかけてベンチタイムを15分とる。

※このレシピは水（仕込み水）の一部が牛乳になっています。
※生地に卵を加えます。P.70の **2** の粉を混ぜた終わった段階で中央にくぼみを作り、卵を加えてください。

2 成形する

1 手で軽くつぶしてガスを抜き、めん棒で縦17×横15cmの長方形に伸ばす。

2 1cmほど縁を残して刷毛で溶かしバターを塗る。

3 黒糖を小さじ1と½を生地にまんべんなくふりかけたら巻く。

4 巻き終わりをしっかりつまんで閉じる。
Q1

5 軽く転がして形を整える。

6 バター（分量外）を塗ったパウンド型に生地の閉じ口を下にして型の側面にくっつけ天板の上におく。同様にもうひとつ作る。

3 2次発酵させる

オーブンの発酵機能を40℃に設定し、30分（湿度あり）2次発酵させる。

※湿度機能がないオーブンの場合はバットにお湯を入れて一緒にオーブンに入れましょう。

4 焼成する

天板を取り出し、オーブンを180℃の予熱に設定する。予熱が完了したら、オーブンで16分焼く。

Q1 黒糖がこぼれてきてうまく巻けません
A1 端をしっかりとめましょう

黒糖がこぼれてこないように縁を押さえながらくるくると巻きましょう。

Arrange 3

ジャムロール
Jam roll

甘いパンはパウンド型にバターを塗って
さらに取り出しやすいクッキングシートを敷きましょう。

材料（2本分）	分量	ベーカーズパーセント
強力粉	200g	100
塩	2g	1
砂糖	40g	20
バター（無塩）	30g	15
溶き卵	15g	7.5
ドライイースト	3g	1.5
水	20g〜	10〜
牛乳	100g	50

成形のときに加える材料	分量
いちごジャム	30g
グラニュー糖	大さじ2

仕上げの材料	分量
焼成用塗り卵	適量
アイシング	適量
┌ 粉糖	50g
└ 水	10g

下準備
- ☐ 牛乳は室温に戻し、水は30℃に調温する
- ☐ バターは室温に戻す
- ☐ 型にバター（分量外）を塗りクッキングシートを敷く
- ☐ 焼成用の塗り卵はよく溶きほぐす
- ☐ 小さめのボウルにアイシングの材料（粉糖と水）を入れて混ぜる

パン作りの目安

こねあげ温度	26〜28℃
1次発酵	60分（オーブンの発酵30℃で60分）
分割	2等分
ベンチタイム	15分
2次発酵	30分（オーブンの発酵40℃／湿度あり）
焼成	16分（180℃）

※1次発酵の発酵温度と時間は、30℃で60分が基本ですが、オーブンに30℃の機能がない場合は35℃で30分に設定し、その後、オーブンのスイッチを切ってオーブンの中で30分発酵させてください。

1 生地を作る

P.69〜P.72の**4**までを参考に生地を作る。P.73の**5**を参考に1次発酵させたら2分割にして丸めなおし、ぬれぶきんをかけてベンチタイムを15分とる。

※このレシピは水（仕込み水）の一部が牛乳になっています。
※生地に卵を加えます。P.70の**2**の粉を混ぜ終えた段階で中央にくぼみを作り、卵を加えてください。

2 成形する

1 手で軽くつぶしてガスを抜き、めん棒で縦17×横13cmの長方形に伸ばし、1cmほど縁を残していちごジャム15gを塗り、その上にグラニュー糖大さじ1をふる。

2 くるくると巻いて巻き終わりをしっかりつまんで閉じたら、包丁で3等分に切り分ける。

3 バター（分量外）を塗り、クッキングシートを敷いたパウンド型に閉じ口が内側になるようにして入れる。同様にもうひとつ作る。

3 2次発酵させる

オーブンの発酵機能を40℃に設定し、30分（湿度あり）2次発酵させる。

※湿度機能がないオーブンの場合はバットにお湯を入れて一緒にオーブンに入れましょう。

4 仕上げて焼成する

天板を取り出しオーブンを180℃の予熱に設定する。予熱が完了したら溶き卵を塗り、オーブンで16分焼く。パンが完全に冷めたらバターナイフなどを使い、パンの表面にまんべんなくアイシングをかける。

Q1

Q1 アイシングの上手な塗り方は？
A1 バターナイフなどで表面に塗りましょう

アイシングの固さは通常よりゆるめにしています。少しゆるめにして全体をコーティングするようなアイシングです。トロリと流れ固まります。

LESSON 4

Basic

基本の菓子パン生地

あんパンは、まず生地を作り、あんを包むという手順で作ります。中に甘いあんが入るので、生地も甘い菓子パン生地に。具材をしっかり包むためには生地に伸びが必要なので、十分こねる時間を取りましょう。

あんパン
Ann bread

菓子パンの基本は、具やあんを生地で包むこと。
あんパンをマスターして、その基本手順を知りましょう。
ストレート製法で生地を作り、あんこを包んでいきます。

材料（6個分）	分量	ベーカーズパーセント
強力粉	200g	100
塩	2g	1
砂糖	30g	15
バター（無塩）	30g	15
溶き卵	20g	10
ドライイースト	3g	1.5
水	100g〜	50〜

成形のときに加える材料	分量
粒あん	300g

仕上げの材料	分量
焼成用塗り卵	適量
黒ごま	適量

パン作りの目安	
こねあげ温度	26〜28℃
1次発酵	60分（オーブンの発酵30℃で60分）
分割	6等分
ベンチタイム	8分
2次発酵	30分（オーブンの発酵40℃／湿度あり）
焼成	13分（180℃）

下準備
- [ ] 水は30℃に調温する
- [ ] バターは室温に戻す
- [ ] 天板にクッキングシートを敷く
- [ ] 焼成用の塗り卵はよく溶きほぐす
- [ ] 粒あんは6等分にして丸める

※1次発酵の発酵温度と時間は、30℃で60分が基本ですが、オーブンに30℃の機能がない場合は35℃で30分に設定し、その後、オーブンのスイッチを切ってオーブンの中で30分発酵させてください。

1 計量する

はかりでひとつずつの材料を正確に計量する。30℃の水（仕込み水）を用意する。

Point 1

Point 1
計量は正確に

1gでも粉の量が変われば、適切な水の量も変わってきます。結果として生地が固くなったり、食感が悪くなってしまう可能性があります。おいしいパンを作るためにも、計量はレシピ通りにきっちりと行いましょう。塩やイーストなどの分量の少ないものはとくに注意が必要です。

2 材料をボウルに入れてまとめる

1
計量した30℃の仕込み水にイーストを入れる。

Point 2

Point 2
仕込み水の温度

こねあげ温度に影響するので、守りましょう。「仕込み水」の温度は5〜40℃の範囲で調整可能とされており、生地の状態や室温、湿度などで適切な温度は変わってきます。適正温度の算出は経験とデータの蓄積が必要になり、本書の仕込み水の温度は室温20〜25℃、湿度50〜70%の環境で設定して算出しています。水はパン生地の材料の中での割合が多く、こねあげ温度にかかわりますので面倒でも温度は守りましょう。

LESSON 4 *Basic* あんパン

2
ボウルに強力粉、塩、砂糖を入れて手で混ぜ中央をくぼませて溶き卵を加える。

Point 3

3
1のイーストと仕込み水を指で混ぜて**2**のボウルに入れて混ぜる。

Point 4

4
全体が混ざったら、ボウルのまわりについた粉を取りながら手でもみ、ひとかたまりになったらボウルから取り出す。

Point 5

※このとき、水が足りず生地がまとまるのがいつもより遅く感じたら小さじ1程度〜の調整水を加えます。

手についた生地
ボウルについた生地

5
カードで手やボウルについた生地を取り、**4**の生地に加えたら作業台の上に伸ばす。

Point 6

Point 3

ボウルに材料を入れる順番

材料を入れる順番にとくに決まりはありません。記載されている材料順に入れていくと入れ忘れなどがないので安心です。

Point 4

水は最後に加える

均一な生地を作るためにあらかじめ水以外の材料（粉もの）を混ぜます。ダマを作らないためにも水を加えたらすぐに混ぜましょう。放っておくと水が均一に行き渡らずダマになってしまいます。

Point 5

生地のまとめ方

手をパーにした状態からグーにして指の間から生地が出てくるように、もみながらまとめます。まとまってきたら、ボウルの底や側面に残った粉も生地に含まれるように押さえながらまとめましょう。

指の間から生地が出るようにもむ

Point 6

手やボウルなどについた生地はきれいに取る

まだ生地がやわらかい段階では手やボウル、カードにくっつきやすくなっています。それらを適宜、きれいに取り除きましょう。手についた生地は、そのままにしておくと乾燥してしまいます。また、あまり手やカードに生地がくっついてしまうと、生地の総量が変わってしまい、焼きあげたときにボリュームが少なくなる可能性もあります。

6 カードで生地を手元に集め、手についた生地もきれいに取る。再度 **5** のように生地を伸ばしカードで生地を手元に集めるという作業を何度も繰り返し、生地が作業台につかなくなるくらいまで繰り返す。

Point 7

❸ 生地をこねる

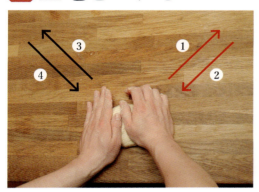

1 手元に生地を置き、自分から見てVの字を描くような作業（右斜め上に生地を伸ばしてこね、手元に戻る。その後、左斜め上に生地を伸ばしてこね、手元に戻る）を繰り返す。

Point 8

2 途中指先を使って生地を薄く伸ばし、グルテンの膜ができているかを調べる。

Point 9

3 生地を丸く伸ばし、中央にバターを置き、少し伸ばす。

Point 10

Part2 パン作りをはじめましょう

Point 7
生地がまとまらないとき

計量を間違えていなければ、絶対にまとまってきますので、希望を持ちながら、作業を続けましょう。手を動かすスピードを速くする、もしくはスナップを効かせるようにこねるとよいかと思います。

Point 8
生地こねの目安は100回くらい

何度か作ると、タイミングがわかってきますがはじめはむずかしいと思います。目安としては左の写真にあるようにVの字（自分の手元から右斜め上に動かし、手元に戻ってきたら左斜め上に動かし、手元に戻るまで）を描くのを1回とカウントした場合、Vの字を100回くらいが目安です。

Point 9
グルテン膜の途中確認

この段階では、まだこねている途中です。こねあげのときにきれいなグルテンの膜ができていればOKなので、この段階では、写真のような大きな穴があいてしまうようでなければ大丈夫です。

Point 10
バターを加えるタイミング

パン作りに用いられるバターは、生地内のグルテンの膜に沿うようにして生地全体に広がっていきます。だから、グルテンがある程度生成された状態で投入したほうが、効率よく生地全体になじんでいくのです。バターを投入すると、グルテンの伸びがぐんとよくなります。

LESSON 4 Basic あんパン

4
生地を半分に折る。

5
生地を上に伸ばし、カードで手元に集めてくるという作業を繰り返し、バターが生地全体に混ざるようにこねる。
Point 11

6
生地が作業台の上から離れ、まとまってくるまでこねる。
Point 12

4 生地をたたきつける

1
生地を広げ利き手の人差し指から小指までを生地の端に引っかける。
Point 13

2
ふりあげて作業台の上に生地をたたきつける。

Point 11

バターが生地全体に混ざった状態の判断の仕方

バターを加えると、せっかくまとめた生地がまた、まとまりのない状態に逆戻りしたように感じるので、びっくりするかもしれませんが、必ずまとまります。作業台に生地がつかなくなればOK。次の工程に進めます。

Point 12

生地に具を入れるときのタイミング

本書に掲載しているレシピで生地の中に具を入れる場合は、この段階で加えます。バターを混ぜるのと同様、Vの字にこねる作業を繰り返し、生地全体に具が混ざればOKです。

Point 13

生地は伸ばしてからたたく

生地をたたきやすくするために少し伸ばしましょう。伸ばし方は生地を両手で持ち、左右に揺らして伸ばします。

下から見た図。生地の端に少し余裕を持たせて左右に動かして伸ばす

Part2 パン作りをはじめましょう

3
生地を持ち上げて奥の生地と手で持っている部分を重ねる。重ねた生地の横側を持ち（**a**のマーク部分）、その面を手前に持ち上げたら、**2**のようにふりあげて作業台の上にたたきつける（**2**〜**3**までをたたきつけ1回とする）。これを繰り返し、生地をこねあげる。

Point 14

Point 14
たたきつけてこねあげる時間
本来、生地をこねている時間ではなく、グルテン膜ができているかどうか、生地のハリ感など生地の状態で判断します。ただ、これも経験を積んだ勘に頼るところなので、はじめのうちはたたきつけ200回くらいが目安と思っておきましょう。

4
グルテン膜ができていたら完成。

Point 15

Point 15
グルテン膜の見方
中指を人差し指の下に添えて人差し指と中指で生地を伸ばすようにゆっくり広げます。途中、生地が切れたりしなければOKです。

5 生地を丸めて1次発酵させる

1
生地を丸めなおし、表面に膜がピンと張ったら裏側を閉じる。

Point 16
温度計の必要性
パン作りのなかでも大切なのが、こねあげ温度。パンの種類ごとに適切な温度が決まっています。少しの温度差でもパンの発酵時間が変わってくるので正確にはかるためにも温度計を用意したほうがよいでしょう。

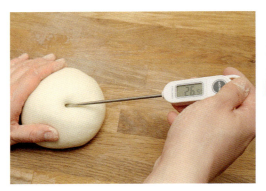

2
生地に温度計をさし、温度をはかる（26〜28℃ならOK）。

Point 16 **Point 17**

Point 17
目標のこねあげ温度にならなかった場合
こねあげ温度は±0.5℃ほどなら、ずれても大丈夫といわれています。それよりも低い場合は、1次発酵の時間を長くして発酵を促す必要がありますが、せいぜい−5℃が修正の効く範囲です。一方、2℃以上高かった場合は、イーストが活発に動きはじめているので修正が効きにくくなります。パンの味、形、膨らみが崩れることを覚悟して、1次発酵の段階で生地を冷やす以外にありません。

LESSON 4 Basic あんパン

3
ボウルに生地を入れ、ラップをして1次発酵させる。
（オーブンの発酵機能を30℃に設定して60分発酵させる）

※お手持ちのオーブンの発酵機能が35℃の場合は30分発酵させ、そのままスイッチを切ってオーブンの中で30分発酵させましょう。

Point 18

Point 18
ラップで生地の乾燥を防ぐ

発酵するにつれ、生地は膨らみます。このとき、生地が乾燥していると伸びが悪く、膨らみが悪くなることも。また、焼きあげたときにその部分が固くなってしまうので、発酵中の生地の乾燥を防ぐために、ラップをかけます。

6 フィンガーテストをして生地を分割して休ませる

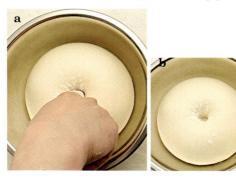

1
生地の表面に打ち粉をし、人差し指にも粉をつけたら、生地の中心をさす（フィンガーテスト）。指を抜き、穴が小さくならなければOK。

Point 19

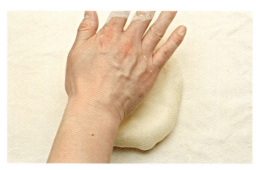

2
パンマットを敷き、打ち粉をしてボウルから生地を取り出し、手で軽くつぶしてガスを抜く。

Point 20

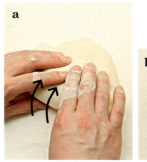

3
手前からくるくると巻いたら、総量をはかりではかる。

Point 19
フィンガーテストの正しい方法

生地に人差し指を入れて、生地の戻り具合を確かめるのが「フィンガーテスト」です。まず、生地の表面に打ち粉（強力粉）をふり人差し指にも粉を薄くつけます。生地に対して垂直に、第二関節あたりまで沈めます。そのまま、まっすぐ上にすっと抜き、このときの状況で判断します。

・できた穴が小さくなって埋まろうとしている→発酵不足
・少し穴が小さくなるが、そのまま保たれている→ちょうどいい発酵
・穴をあけると空気が抜けたように生地がしぼむ、気泡ができる→過発酵

と判定ができます。発酵不足の場合は発酵を足せばリカバーできますが、過発酵してしまうと難しくなります。

Point 20
ガス抜きをする理由

一度発生させたガスを抜くのは、発酵でゆるんだ生地に刺激を与えて、グルテンのさらなる形成を促し、網目構造を密にする目的があります。また発酵で発生したアルコールが生地内に充満すると、イーストの活動力が下がります。生地をつぶすとアルコールも逃げるので、イーストが再びよく動くようになります。もうひとつは、生地内に発生した気泡をつぶして、小さな気泡にする役割もあります。こうすることで、きめの細かい生地ができあがります。

Part2 パン作りをはじめましょう

4
パンマットの上に縦長になるように生地を置きなおして、カードで中心に切り込みを入れる。切り口を広げて1本の棒にする。

Point 21
分割時の注意点

カードを入れる回数はなるべく少なくしましょう。分割後、多いものから生地を切断し、足りないものにくっつけるのはOKです。ただし、最初から細かく切断するのはおすすめしません。それだけ生地を傷めることになり、ガスが抜ける可能性が高くなります。できるだけカードを入れる回数は減らすことを心掛けましょう。1g程度の誤差は問題ありませんが、数g以上にはならないようにしましょう。あまりに大きさに差が出ると、焼きあがり時間に差が出てしまいます。

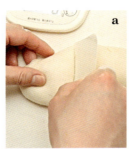

5
3ではかった総量から6等分になるように分割する。
Point 21

Point 22
分割した生地を丸めなおす理由

丸めるというよりも、ガスを抜いて表面をピンと張るための工程です。丸くするのには、どんな形にも成形がしやすくなるという利点があります。分割した生地はベンチタイムを取る必要がありますが、切ったままの形で休ませると、不格好なまま膨らんでしまい、のちのちの成形がしにくくなるのです。例えば、切ったままの生地をバターロールに成形しようとしても、上手く伸ばせないので、結局一度丸めるという工程が必要になります。ならば、最初から丸い形にしてベンチタイムを取るほうが合理的です。

6
ひとつずつ生地を丸めなおし、閉じ口をつまむ。
Point 22

Point 23
ベンチタイムのときに生地にかける素材

ラップをかけると、生地に張りつくことがあるため、本書では固くしぼったぬれぶきんをおすすめしています。

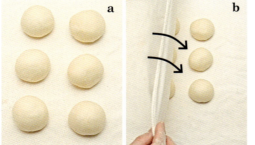

7
パンマットの上に6個並べたらぬれぶきんをかけ、8分間生地を休ませる（ベンチタイム）。
Point 23

101

LESSON 4 Basic あんパン

7 成形して2次発酵させる

 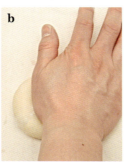

1 打ち粉をし、手で軽くつぶしてガスを抜く。

2 めん棒で直径8cmの円形に伸ばす。
Point 24

3 2の生地の上に6等分にしたあんこをのせる。

4 生地を下から持ち上げあんこを包む。
Point 25

Point 24
真円に上手に伸ばす方法
生地を縦長に伸ばしたら、90度回転させて、横長の形にして伸ばしていきます。

90度回転する

Point 25
あんこを包むコツ
下から生地を持ち上げるのがむずかしい場合は、生地をのせている手の指であんこを押さえながら生地を持ち上げると安定して上手に包むことができます。

あんこを指で押さえる

片手で生地を上に持ち上げる

両手で生地を上に持ち上げる

中心に向かって
両手で生地を集める

Part2 パン作りをはじめましょう

5
閉じたら、閉じ口を下にしてパンマットの上に置き、手で軽くつぶす。

Point 26

Point 26
しっかりつまむつまみ加減
力を入れてつまむということではありません。指先で優しくつまみ、くっつけたい生地同士がはがれてこなければOKです。

6
閉じ口を下にして、クッキングシートを敷いた天板にのせる。同様に5個作る。オーブンの発酵機能を40℃に設定し、30分（湿度あり）2次発酵させる。

Point 27

※湿度機能がない場合はバットにお湯を入れて一緒にオーブンに入れましょう。

Point 27
天板に閉じ口を下にして置く理由
巻き終わりを生地に押すようにして、しっかり閉じます。これは、2次発酵や焼成で生地が膨らんだときに、生地の閉じ口が外れてしまわないようにするためです。焼いている最中に閉じ口が外れると、中のガスが抜けてしまって膨らみが足りなくなったり、表面がシワになったりしてしまいます。もちろん、見た目も悪くなります。

8 仕上げて焼成する

1
天板を取り出し、オーブンを180℃の予熱に設定する。めん棒の先端を溶き卵につけ生地の中央につける。その後、同様にめん棒の先端にごまをつけ、生地につける。予熱が完了したら13分焼く。

Point 28

Point 28
ごまのつけ方
溶き卵をつけることでのりの役目をします。焼きあがったあとにごまが散ってしまうということがなくなります。また、めん棒の先端を使うことでパンの表面にきれいな円形にごまをつけることができます。

2
焼きあがったら、クーラーの上に取り出し、粗熱をとる。

LESSON 4
Arrange
中種発酵の菓子パン生地

中種法でクリームパン用の生地を作ります。砂糖が多めに入った甘い生地を使っています。中種法で作る生地は口溶けがよくなるので、クリームにもぴったりです。

中種クリームパン
Nakadane cream bread

おやつにも最適な、口溶けのよいクリームパンの作り方です。
パンに入れるカスタードクリームは少し固めに作ること。
お菓子と同じクリームを使うと、やわらかすぎてしまいます。

材料（6個分）

中種の材料	分量	ベーカーズパーセント
強力粉	140g	70
砂糖	10g	5
ドライイースト	4g	2
水	90g	45

本ごねの材料	分量	ベーカーズパーセント
強力粉	60g	30
塩	2g	1
砂糖	40g	20
バター（無塩）	30g	15
溶き卵	20g	10
水	20g〜	10〜

カスタードクリームの材料	分量
溶き卵	30g
砂糖	45g
薄力粉	15g
牛乳	150ml
バター（無塩）	8g
ブランデー	8g

パン作りの目安

こねあげ温度	26〜28℃
中種の発酵	60分（オーブンの発酵 30℃で60分）
フロアタイム	室温で30分
分割	6等分
ベンチタイム	8分
2次発酵	30分（オーブンの発酵 40℃／湿度あり）
焼成	13分（180℃）

※中種の発酵の発酵温度と時間は、30℃で60分が基本ですが、オーブンに30℃の機能がない場合は35℃で30分に設定し、その後、オーブンのスイッチを切ってオーブンの中で30分発酵させてください。

カスタードクリームの作り方

①鍋に牛乳を入れて50℃くらいに温めておく。

②ボウルに卵、砂糖を入れ、ホイッパーで混ぜる。

③薄力粉をこし器でふるい入れ、さらに混ぜ合わせる。

④全体に混ざったら①を加えホイッパーで混ぜる。

⑤鍋にこし入れる。

⑥中火で鍋底をはがすように混ぜ、ポコポコと沸いて固まってきたら火からおろす。

⑦バター、ブランデーを加えて混ぜ合わせ、バットに薄く伸ばして入れる。

⑧表面にぴったりラップをして、氷水を張ったバットに入れて冷やす。

下準備
- ☐ 水は30℃に調温する
- ☐ バターは室温に戻す
- ☐ 天板にクッキングシートを敷く
- ☐ カスタードクリームを作る

1 計量する

a

b

はかりでひとつずつの材料を正確に計量する。30℃の水（仕込み水）を用意する。
Point 1

Point 1
計量は正確に

1gでも粉の量が変われば、適切な水の量も変わってきます。結果として生地が固くなったり、食感が悪くなってしまう可能性があります。おいしいパンを作るためにも、計量はレシピ通りにきっちりと行いましょう。塩やイーストなどの分量の少ないものはとくに注意が必要です。

LESSON 4 *Arrange* 中種クリームパン

❷ 中種の材料をボウルに入れてまとめる

1 計量した30℃の仕込み水にイーストを入れる。ボウルに強力粉、砂糖を入れて手で混ぜる。

2 1-a のイーストと仕込み水を指で混ぜて 1-b のボウルに入れて混ぜる。
Point 2

3 全体が混ざったら、ボウルのまわりについた粉を取りながら手でもみ、ひとかたまりになったらボウルから取り出す。
Point 3

※このとき、水が足りず生地がまとまるのがいつもより遅く感じたら小さじ1程度〜の調整水を加えます。

 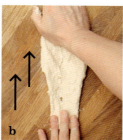

4 手やボウルについた生地を取り、3 の生地に加えたら作業台の上に伸ばす。

5 カードで生地を手元に集め、手についた生地もきれいに取る。再度 4 のように生地を伸ばしカードで生地を手元に集めるという作業を何度も繰り返し、生地が作業台につかなくなるくらいまで繰り返す。
Point 4

Point 2
水は最後に加える
均一な生地を作るためにあらかじめ水以外の材料（粉もの）を混ぜます。ダマを作らないためにも水を加えたらすぐに混ぜましょう。放っておくと水が均一に行き渡らずダマになってしまいます。

Point 3
生地のまとめ方
手をパーにした状態からグーにして指の間から生地が出てくるように、もみながらまとめます。まとまってきたら、ボウルの底や側面に残った粉も生地に含まれるように押さえながらまとめましょう。

指の間から生地が出るようにもむ

Point 4
生地がまとまらないとき
計量を間違えていなければ、絶対にまとまってきますので、希望を持ちながら、作業を続けましょう。手を動かすスピードを速くする、もしくはスナップを効かせるようにこねるとよいかと思います。

Part2 パン作りをはじめましょう

3 中種生地をこねて発酵させる

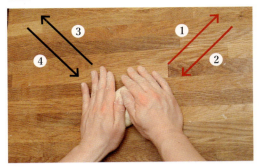

1 手元に生地を置き、自分から見てVの字を描くような作業（右斜め上に生地を伸ばしてこね、手元に戻る。その後、左斜め上に生地を伸ばしてこね、手元に戻る）を繰り返す。

Point 5

Point 5
中種生地こねの目安は50回くらい
中種の生地なので量は少なめです。目安としては左の写真にあるようにVの字（自分の手元から右斜め上に動かし、手元に戻ってきたら左斜め上に動かし、手元に戻るまで）を描くのを1回とカウントした場合、Vの字を50回くらいが目安です。

a

b

2 生地がまとまったら丸めなおして温度をはかり（26〜28℃ならOK）ボウルに生地を入れ、ラップをして発酵させる。（オーブンの発酵機能を30℃に設定し、60分発酵させる）

※お手持ちのオーブンの発酵機能が35℃の場合は30分発酵させ、そのままスイッチを切ってオーブンの中で30分発酵させましょう。

Point 6

Point 6
中種生地の表面
ほかのパン生地のように表面に膜がピンと張った状態じゃなく、少しざらついていてOKです。

4 本ごね生地を作り、まとめる

a

b

c

1 中種の発酵が終わったら、カードを使い、ガスを抜きながら取り出す。

Point 7

Point 7
上手なガスの抜き方
均一にガスを抜くために、ボウルの縁にカードを使って押しつける感じで生地からガスを抜きましょう。

a

b

c

d

2 ボウルに本ごねの材料の強力粉、塩、砂糖を入れて手で混ぜたら、中央にくぼみを作り、溶き卵を加える。

107

LESSON 4 Arrange 中種クリームパン

3
水を入れて混ぜる。

4
1の中種をカードで8個ほどに切り、ボウルに加え、手で混ぜる。

5
手で混ぜたり、カードでボウルのまわりについた生地を取りながら混ぜ、ある程度混ざったら作業台の上に出す。

Point 8

6
作業台の上で生地を上に伸ばし、カードで手元に戻すを繰り返し、作業台につかなくなるまで繰り返す。

Point 9

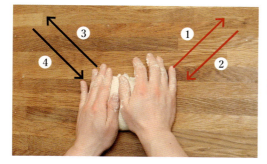

7
P.107 ③ -1を参考にVの字を描くようにこねる。

Point 10

Point 8
混ぜ方

手で触ったときに生地はベタつきますがひとかたまりになったくらいが取り出す目安です。

Point 9
ベタつきが止まらないときのコツ

この生地はこねはじめはベタつきますので、まとまるまで時間がかかると思うかもしれません。手についているととくにベタついて感じるのでカードで何度も手をきれいにしながら進めていきましょう。

Point 10
本ごね生地のこねあがりの目安時間

何度も作れば、タイミングがわかってきますがはじめはむずかしいと思います。目安としては左の写真にあるようにVの字（自分の手元から右斜め上に動かし、手元に戻ってきたら左斜め上に動かし、手元に戻るまで）を描くのを1回とカウントした場合、Vの字を100回くらいが目安です。

Part2 パン作りをはじめましょう

8
生地を丸く伸ばし、中央にバターを置き、少し伸ばす。

9
生地を半分に折る。

Point 11
バターが生地全体に混ざった状態の判断の仕方

バターを加えると、せっかくまとめた生地がまた、まとまりのない状態に逆戻りしたように感じるので、びっくりするかもしれませんが、必ずまとまります。作業台に生地がつかなくなればOK。次の工程に進めます。

10
生地を上に伸ばし、カードで手元に集めてくるという作業を繰り返し、バターが生地全体に混ざるようにこねる。

Point 11

11
生地が作業台の上から離れ、まとまってくるまでこねる。

Point 12

Point 12
生地に具を入れるときのタイミング

本書で掲載しているレシピで生地の中に具を入れる場合は、この段階で加えます。バターを混ぜるのと同様、Vの字にこねる作業を繰り返し、生地全体に具が混ざればOKです。

5 生地をたたきつける

 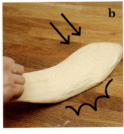

1
生地を広げ利き手の人差し指から小指までを生地の端に引っかける。ふりあげて作業台の上に生地をたたきつける。

109

LESSON 4　Arrange 中種クリームパン

2
生地を持ち上げて奥の生地と手で持っている部分を重ねる。重ねた生地の横側を持ち、その面を手前に持ち上げたら、**1-b**のようにふりあげて作業台の上にたたきつける（**1-b～2**までをたたきつけ1回とする）。これを繰り返し、生地をこねあげる。
Point 13

3
グルテン膜ができていたら完成。
Point 14

❻ 生地を丸めてフロアタイムをとる

1
生地を丸めなおし、表面に膜がピンと張ったら裏側を閉じたら生地に温度計をさし、温度をはかる（26～28℃ならOK）。
Point 15　Point 16

2
ボウルに生地を入れ、ラップをしてフロアタイムをとる。
（室温で30分発酵させる）
Point 17

Point 13
こねあがりの目安時間

本来、生地をこねている時間ではなく、グルテン膜ができているかどうか、生地のハリ感など生地の状態で判断します。ただ、これも経験を積んだ勘に頼るところなので、はじめのうちはたたきつけ200回くらいが目安と思っておきましょう。

Point 14
グルテン膜の見方

中指を人差し指の下に添えて人差し指と中指で生地を伸ばすようにゆっくり広げます。途中、生地が切れたりしなければOKです。

Point 15
温度計の必要性

パン作りのなかでも大切なのが、こねあげ温度。パンの種類ごとに適切な温度が決まっています。少しの温度差でもパンの発酵時間が変わってくるので正確にはかるためにも温度計を用意したほうがよいでしょう。

Point 16
目標のこねあげ温度にならなかった場合

こねあげ温度は±0.5℃ほどなら、ずれても大丈夫といわれています。それよりも低い場合は、1次発酵の時間を長くして発酵を促す必要がありますが、せいぜい－5℃が修正の効く範囲です。一方、2℃以上高かった場合は、イーストが活発に動きはじめているので修正が効きにくくなります。パンの味、形、膨らみが崩れることを覚悟して、1次発酵の段階で生地を冷やす以外にありません。

Point 17
ラップで生地の乾燥を防ぐ

発酵するにつれ、生地は膨らみます。このとき、生地が乾燥していると伸びが悪く、膨らみが悪くなることも。また、焼きあげたときにその部分が固くなってしまうので、発酵中の生地の乾燥を防ぐために、ラップをかけます。

Part2 パン作りをはじめましょう

7 生地を分割して休ませる

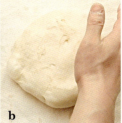

1
パンマットを敷き、打ち粉をしてボウルから生地を取り出し、手で軽くつぶしてガスを抜く。

2
手前からくるくると巻いたら、総量をはかりではかる。パンマットの上に縦長になるように生地を置きなおして、カードで中心に切り込みを入れる。
Point 18

Point 18
分割時の注意点

カードを入れる回数はなるべく少なくしましょう。分割後、多いものから生地を切断し、足りないものにくっつけるのはOKです。ただし、最初から細かく切断するのはおすすめしません。それだけ生地を傷めることになり、ガスが抜ける可能性が高くなります。できるだけカードを入れる回数は減らすことを心掛けましょう。1g程度の誤差は問題ありませんが、数g以上にはならないようにしましょう。あまりに大きさに差が出ると、焼きあがり時間に差が出てしまいます。

3
切り口を広げて1本の棒にする。2ではかった総量から6等分になるように分割する。

4
ひとつずつ生地を丸めなおし、閉じ口をつまむ。
Point 19

Point 19
分割した生地を丸めなおす理由

丸めるというよりも、ガスを抜いて表面をピンと張るための工程です。丸くするのには、どんな形にも成形がしやすくなるという利点があります。分割した生地はベンチタイムを取る必要がありますが、切ったままの形で休ませると、不格好なまま膨らんでしまい、のちのちの成形がしにくくなるのです。例えば、切ったままの生地をバターロールに成形しようとしても、上手く伸ばせないので、結局一度丸めるという工程が必要になります。ならば、最初から丸い形にしてベンチタイムを取るほうが合理的です。

LESSON 4 *Arrange* 中種クリームパン

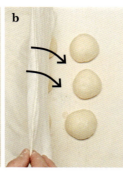

5
パンマットの上に6個並べたらぬれぶきんをかけ、8分間生地を休ませる(ベンチタイム)。
Point 20

Point 20
ベンチタイムのときに生地にかける素材
ラップをかけると、生地に張りつくことがあるため、本書では固くしぼったぬれぶきんをおすすめしています。

8 成形して2次発酵させる

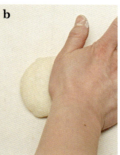

1
打ち粉をし、手で軽くつぶしてガスを抜く。

2
めん棒で生地を縦12×横10cmの楕円形に伸ばす。
Point 21

Point 21
めん棒は両面にかける
めん棒は生地の両面にかけていきます。そのほうが均等に伸びやすいです。少し伸ばしたら裏返してまた伸ばすを繰り返しましょう。

3
6等分にしたカスタードクリームを生地の上半分にのせる。
Point 22

Point 22
閉じ口側にクリームをのせてパンの内側に
閉じ口が外側に出ると必要なガスが抜けたり、見た目が悪くなります。めん棒で伸ばすときに閉じ口がどちらかを覚えておきましょう。

Part2 パン作りをはじめましょう

4
下から生地を持ち上げて重ね、両手で押さえて閉じる。
Point 23

5
カードで3ヵ所切る。
Point 24　Point 25

6
クッキングシートを敷いた天板にのせる。同様に5個作る。オーブンの発酵機能を40℃に設定し、30分（湿度あり）2次発酵させる。
※湿度機能がない場合はバットにお湯を入れて一緒にオーブンに入れましょう。

⑨ 焼成する

1
天板を取り出し、オーブンを180℃の予熱に設定する。予熱が完了したら13分焼く。

2
焼きあがったら、クーラーの上に取り出し、粗熱をとる。
Point 26

Point 23

手でおさえるだけでOK

両手でおさえるだけできちんと止まる生地です。ジャムのように垂れてくるフィリングではないので、手で軽くおさえればOKです。写真のように手でつまんでもよいですがしっかり閉じる必要はありません。

Point 24

クリームパンの形

昔から作られているクリームパンの形はグローブ型といい、諸説では一目で中に何が入っているか分かるようにしようという動きが昔あり、その名残であるとされています。

Point 25

クリームが少し見えるくらいまで切る

クリーム自体、固めになっているので、焼成の間に出てきてしまうなどということはないので安心してください。

Point 26

焼きあがっているかどうかの判断の仕方

パンを適正な温度で焼いている場合、裏返し、裏側も茶色く焼き色がついていればOKです。もし、ついていない場合はオーブンの温度を少し高くして焼き時間を少し延長してみましょう。

Arrange
シュガーレーズンパン
Suger Raisin Bread

レーズンをフィリングとして混ぜ合わせる菓子パン。
最後にグラニュー糖とバターをのせて仕上げていきます。

材料（6個分）	分量	ベーカーズパーセント
強力粉	200g	100
塩	2g	1
砂糖	30g	15
バター（無塩）	30g	15
ドライイースト	3g	1.5
水	130g〜	65〜

生地に加える材料	分量	ベーカーズパーセント
レーズン	60g	30

仕上げの材料	分量
グラニュー糖	小さじ3
バター（無塩）	18g

下準備
- ☐ 水は30℃に調温する
- ☐ バターは室温に戻す
- ☐ 天板にクッキングシートを敷く
- ☐ レーズンは10分ほど水に浸け、キッチンペーパーなどで水けをふく

パン作りの目安

こねあげ温度	26〜28℃
1次発酵	60分（オーブンの発酵30℃で60分）
分割	6等分
ベンチタイム	8分
2次発酵	30分（オーブンの発酵40℃／湿度あり）
焼成	15分（180℃）

※1次発酵の発酵温度と時間は、30℃で60分が基本ですが、オーブンに30℃の機能がない場合は35℃で30分に設定し、その後、オーブンのスイッチを切ってオーブンの中で30分発酵させてください。

Part2 パン作りをはじめましょう

1 生地を作る

P.95～P.98の 4 までを参考に生地を作る。P.99の 5 を参考に1次発酵させたら6分割にして丸めなおし、ぬれぶきんをかけてベンチタイムを8分とる。
※生地にレーズンを加えます。加え方の詳細はP.98 Point 12 を参照してください。

2 成形する

1
手で軽くつぶしてガスを抜く。

2
もう一度きれいに丸めなおして、しっかりつまんで閉じたらクッキングシートを敷いた天板にのせる。同様に5個作る。

3 2次発酵させる

オーブンの発酵機能を40℃に設定し、30分（湿度あり）2次発酵させる。
※湿度機能がないオーブンの場合はバットにお湯を入れて一緒にオーブンに入れましょう。

4 仕上げて焼成する

1
天板を取り出し、オーブンを180℃の予熱に設定する。包丁で生地の中心に1ヵ所切り込みを入れる。

2
切り込みにグラニュー糖を小さじ½ずつ入れる。その上にバター3gずつをのせる。
Point

3
予熱が完了したら、オーブンで15分焼く。

Point
グラニュー糖はこぼれます

発酵させたパン生地を切り、切り口にグラニュー糖をのせます。焼成中に多少のグラニュー糖はこぼれてしまいます。気になるようであれば、量を調整してください。

マーブルミルクボール
Marble Milk Ball

Arrange

パン作りに慣れてきたら、
トッピング生地を作ってのせて焼いていきましょう。
バリエーションが広がります。

材料（6個分）	分量	ベーカーズパーセント
強力粉	200	100
塩	3g	1.5
砂糖	25g	12.5
バター（無塩）	30g	15
溶き卵	20g	10
ドライイースト	3g	1.5
水	110g〜	55〜

トッピングの材料	分量
バター（無塩）	30g
砂糖	40g
溶き卵	40g
薄力粉	50g
牛乳	20g
ココアパウダー	小さじ1

下準備
- [ ] 水は30℃に調温する
- [ ] バターは室温に戻す
- [ ] 天板にクッキングシートを敷く
- [ ] トッピングを作る（作り方は次ページ参照）

パン作りの目安

こねあげ温度	26〜28℃
1次発酵	60分（オーブンの発酵 30℃で60分）
分割	6等分
ベンチタイム	8分
2次発酵	30分（オーブンの発酵 40℃／湿度あり）
焼成	15分（180℃）

※1次発酵の発酵温度と時間は、30℃で60分が基本ですが、オーブンに30℃の機能がない場合は35℃で30分に設定し、その後、オーブンのスイッチを切ってオーブンの中で30分発酵させてください。

トッピングの作り方

①ボウルに室温に戻したバターを入れ、ゴムベラでやわらかく練り、砂糖を加えたら白っぽくなるまですり混ぜる。

②溶き卵を3回ほどにわけて加え、ホイッパーで混ぜる。

③薄力粉をふるい入れ、少し粉っぽさが残るまで切るように混ぜる。

④牛乳を入れてなめらかになるまで混ぜたら、半量を小皿に取りわける。

⑤残りの生地にココアをふるい入れ混ぜたら、フリーザーバッグに④の生地と互い違いに入れる。 **Point**

⑥フリーザーバッグの1ヵ所に角が出るようにトッピング生地を集めておく。

1 生地を作る

P.95～P.98の④までを参考に生地を作る。P.99の⑤を参考に1次発酵させたら6分割にして丸めなおし、ぬれぶきんをかけてベンチタイムを8分とる。

2 成形する

1 手で軽くつぶしてガスを抜き丸めなおして、しっかりつまんで閉じたらクッキングシートを敷いた天板にのせる。同様に5個作る。

2
パン生地の中心から円を描きながらトッピング生地を絞り出していく。6個すべて絞り終わったら、さらにその上からもう一度絞り出す。

3 2次発酵させる

オーブンの発酵機能を40℃に設定し、30分（湿度あり）2次発酵させる。

※湿度機能がないオーブンの場合はバットにお湯を入れて一緒にオーブンに入れましょう。

5 焼成する

天板を取り出しオーブンを180℃の予熱に設定する。予熱が完了したら、オーブンで15分焼く。

4 トッピングをする

1 フリーザーバッグの角をキッチンばさみで切る。

Point
マーブルをうまく出すコツ

トッピングを作るとき、フリーザーバッグに入れたあと混ぜすぎるときれいなマーブルの模様が出てきません。ココア生地と混ぜあわせないようにしましょう。

Arrange
はちみつスティック
Honey Stick

見た目よりも簡単に伸ばして作れてしまうパン。
子どものおやつとしても人気です。

材料（8本分）	分量	ベーカーズパーセント
強力粉	50g	50
薄力粉	50g	50
塩	1g	1
はちみつ	30g	30
バター（無塩）	20g	20
ドライイースト	2g	2
水	10g～	10～
牛乳	40g	40

下準備
- [ ] 牛乳は室温に戻し、水は 30℃に調温する
- [ ] バターは室温に戻す
- [ ] 天板にクッキングシートを敷く

パン作りの目安

こねあげ温度	26～28℃
1次発酵	60 分（オーブンの発酵 30℃で 60 分）
分割	－
ベンチタイム	10 分
2次発酵	30 分（オーブンの発酵 40℃／湿度あり）
焼成	9 分（180℃）

※1次発酵の発酵温度と時間は、30℃で 60 分が基本ですが、オーブンに 30℃の機能がない場合は 35℃で 30 分に設定し、その後、オーブンのスイッチを切ってオーブンの中で 30 分発酵させてください。

1 生地を作る

P.95〜P.98の 4 までを参考に生地を作る。P.99の 5 を参考に1次発酵させたら丸めなおし、ぬれぶきんをかけてベンチタイムを10分とる。

※このレシピは水（仕込み水）の一部が牛乳になっています。
※生地にはちみつを加えます。P.96の 2 の粉ものを混ぜ終えた段階で中央にくぼみを作り、はちみつを加えてください。

2 成形する

1 手で軽くつぶしてガスを抜きめん棒で縦20×横12cmの長方形に伸ばす。

a

b

2 スケッパーで縦半分に切る。

3 さらに縦半分に切り4本にする。

4 さらに縦半分に切り合計8本にしたら、クッキングシートを敷いた天板にのせる。

3 2次発酵させる

オーブンの発酵機能を40℃に設定し、30分（湿度あり）2次発酵させる。

※湿度機能がないオーブンの場合はバットにお湯を入れて一緒にオーブンに入れましょう。

4 焼成する

天板を取り出し、オーブンを180℃の予熱に設定する。予熱が完了したら、オーブンで9分焼く。

Point

Point
初心者でも形がきれいに見えるパン

はじめは時間がかかってしまったりするので、形が上手にできないと悩みを持たれる方は多いようです。そんなときは、めん棒で伸ばして縦に切るだけのはちみつスティックは挑戦しやすくおすすめです。また、作っていくうちに成形も上手になっていくものなので、ほかのパンもあきらめずに挑戦してみてください。

クランブルブレッド
Crumble Bread

顆粒状にしたトッピングに挑戦しましょう！
トッピングが落ちないように注意しながら作りましょう。

材料（6個分）	分量	ベーカーズパーセント
強力粉	200	100
塩	2g	1
砂糖	20g	10
コンデンスミルク	15g	7.5
バター（無塩）	30g	15
溶き卵	20g	10
ドライイースト	3g	1.5
水	100g〜	50〜

トッピングの材料	分量
そぼろ	
バター（無塩）	10g
砂糖	15g
溶き卵	10g
薄力粉	45g
トッピング用塗り卵	適量

仕上げの材料	分量
粉糖	適量

下準備
☐ 水は30℃に調温する
☐ バターは室温に戻す
☐ 天板にクッキングシートを敷く
☐ トッピング用の塗り卵はよく溶きほぐす
☐ そぼろを作る（作り方は次ページ参照）

パン作りの目安

こねあげ温度	26〜28℃
1次発酵	60分（オーブンの発酵30℃で60分）
分割	6等分
ベンチタイム	8分
2次発酵	30分（オーブンの発酵40℃／湿度あり）
焼成	15分（180℃）

※1次発酵の発酵温度と時間は、30℃で60分が基本ですが、オーブンに30℃の機能がない場合は35℃で30分に設定し、その後、オーブンのスイッチを切ってオーブンの中で30分発酵させてください。

Part2 パン作りをはじめましょう

そぼろの作り方

①ボウルに室温に戻したバターを入れ、やわらかくなるまで練り、砂糖を加えてなじませる。

②溶き卵を2回ほどに分けて加え、ゴムベラで混ぜる。

③薄力粉をふるい入れたら、菜箸を4本使ってざっくりと混ぜる。

④写真くらいの大きさのそぼろになればできあがり。ビニール袋に入れて冷蔵庫で冷やす。

1 生地を作る

P.95～P.98の**4**までを参考に生地を作る。P.99の**5**を参考に1次発酵させたら6分割にして丸めなおし、ぬれぶきんをかけてベンチタイムを8分とる。

※生地にコンデンスミルクを加えます。P.96の**2**の粉ものを混ぜ終えた段階で中央にくぼみを作り、コンデンスミルクを加えてください。

2 成形する

1 手で軽くつぶしてガスを抜き、丸めなおして楕円に形を整えたら、しっかりつまんで閉じる。

2 刷毛で生地の表面に溶き卵を塗る。

3 閉じ口をしっかり持ち、冷蔵庫から出して、小さめのボウルに移し替えたそぼろをつける。

4 そぼろが落ちないようにそっと反転させ、クッキングシートを敷いた天板にのせる。同様に5個作る。

3 2次発酵させる

オーブンの発酵機能を40℃に設定し、30分(湿度あり)2次発酵させる。

※湿度機能がないオーブンの場合はバットにお湯を入れて一緒にオーブンに入れましょう。

4 焼成して仕上げる

天板を取り出し、オーブンを180℃の予熱に設定する。予熱が完了したらオーブンで15分焼き、クーラーの上に取り出す。粗熱がとれたら粉糖をふる。

Point

Point
焼きムラが気になる場合

オーブンによっては火力が強い場所があり、どうしても焼きムラが出ることもあります。失敗ではありませんが、気になるようなら途中天板の前後を入れ替えるなどしましょう。

Arrange

ハートのアーモンドトッピングパン

Heart-Shaped Almond Topping Bread

菓子パン生地のアレンジの最後は中にフィリングを入れ、外にトッピングをしていきます。工程は増えますがとてもおいしいので、ぜひ挑戦してください。

材料（6個分）	分量	ベーカーズパーセント
強力粉	200	100
塩	2g	1
砂糖	20g	10
バター（無塩）	20g	10
卵黄（約16g）	1個	8

	分量	ベーカーズパーセント
ドライイースト	3g	1.5
水	118g〜	59〜

成形のときに加える材料	分量
いちごジャム	小さじ3
チョコチップ	30g

トッピングの材料	分量
アーモンドトッピング	
┌ 砂糖	30g
├ アーモンドプードル	40g
└ 卵白	1個分
粉糖	適量

下準備

- □ 水は30℃に調温する
- □ バターは室温に戻す
- □ 天板にクッキングシートを敷く
- □ アーモンドトッピングを作る
  ボウルに卵白、砂糖、アーモンドプードルを入れて、ホイッパーでよく混ぜ、30分くらい休ませる。

パン作りの目安

こねあげ温度	26〜28℃
1次発酵	60分（オーブンの発酵 30℃で60分）
分割	6等分
ベンチタイム	8分
2次発酵	30分（オーブンの発酵 40℃／湿度あり）
焼成	15分（180℃）

※1次発酵の発酵温度と時間は、30℃で60分が基本ですが、オーブンに30℃の機能がない場合は35℃で30分に設定し、その後、オーブンのスイッチを切ってオーブンの中で30分発酵させてください。

1 生地を作る

P.95〜P.98の4までを参考に生地を作る。P.99の5を参考に1次発酵させたら6分割にして丸めなおし、ぬれぶきんをかけてベンチタイムを8分とる。

2 成形する

1 手で軽くつぶしてガスを抜き、めん棒を使って直径11cmの円形に伸ばし、生地の中央にいちごジャム小さじ½を塗り、その上にチョコチップ5gをのせる。

2 チョコチップがこぼれないように注意しながら、手前からくるくると巻き、巻き終わりをしっかりつまんで閉じる。

3 閉じ口を上にしたまま縦半分に折ったら、しっかりつまんで閉じる。3cmほどのりしろを残して、切り離さないように包丁で中心に切り込みを入れる。

Point

4 そっと生地を広げながらクッキングシートを敷いた天板にのせる。同様に5個作る。

3 2次発酵させる

オーブンの発酵機能を40℃に設定し、30分(湿度あり)2次発酵させる。

※湿度機能がないオーブンの場合はバットにお湯を入れて一緒にオーブンに入れましょう。

4 仕上げて焼成する

天板を取り出し、オーブンを180℃の予熱に設定する。予熱が完了したら、アーモンドトッピングを塗る。生地の表面に粉糖をたっぷりかけ、オーブンで15分焼く。

Point 切る場所を間違えないように

ここをカット

2つに折って切るときに閉じ口を上にしたまま、閉じ口とは正反対の部分を切ります。間違えがちなので気をつけてくださいね。

LESSON 5

Basic

基本のフランスパン生地

いよいよ憧れのフランスパンに挑戦です。フランスパン専用の粉を使うので注意しましょう。砂糖も少なめ、油脂はナシという、今までとはがらっとレシピが異なります。サクサクした食感にするため、こねる回数・たたく回数も少なめです。

プチフランスパン
Petit French bread

まずはハード系パンの代表格フランスパンをミニサイズで作ってみましょう。
サクサクの食感を出すために、こねる回数を少なめに。
ミニサイズなので、切り込みはナイフで入れています。

材料（4個分）	分量	ベーカーズパーセント
フランスパン専用粉	200g	100
塩	4g	2
砂糖	4g	2
ドライイースト	3g	1.5
水	132g〜	66〜

※フランスパン専用粉は、リスドォルを使用しています。

下準備
☐ 水は30℃に調温する　　☐ 天板にクッキングシートを敷く

パン作りの目安

こねあげ温度	26〜28℃
1次発酵	70分（オーブンの発酵 30℃で70分）
分割	4等分
ベンチタイム	8分
2次発酵	30分（オーブンの発酵 35℃／湿度あり）
焼成	14分（200℃）

※1次発酵の発酵温度と時間は、30℃で70分が基本ですが、オーブンに30℃の機能がない場合は35℃で30分に設定し、その後、オーブンのスイッチを切ってオーブンの中で40分発酵させてください。

1 計量する

はかりでひとつずつの材料を正確に計量する。30℃の水（仕込み水）を用意する。
Point 1

Point 1
計量は正確に
1gでも粉の量が変われば、適切な水の量も変わってきます。結果として生地が固くなったり、食感が悪くなってしまう可能性があります。おいしいパンを作るためにも、計量はレシピ通りにきっちりと行いましょう。塩やイーストなどの分量の少ないものはとくに注意が必要です。

2 材料をボウルに入れてまとめる

1
計量した30℃の仕込み水にイーストを入れる。
Point 2

Point 2
仕込み水の温度
こねあげ温度に影響するので、守りましょう。「仕込み水」の温度は5〜40℃の範囲で調整可能とされており、生地の状態や室温、湿度などで適切な温度は変わってきます。適正温度の算出は経験とデータの蓄積が必要になり、本書の仕込み水の温度は室温20〜25℃、湿度50〜70％の環境で設定して算出しています。水はパン生地の材料の中での割合が多く、こねあげ温度にかかわりますので面倒でも温度は守りましょう。

LESSON 5 Basic プチフランスパン

2
ボウルにフランスパン専用粉、塩、砂糖を入れて手で混ぜる。
Point 3

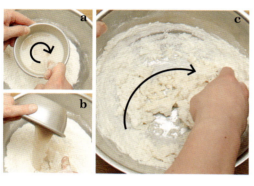

3
1のイーストと仕込み水を指で混ぜて**2**のボウルに入れて混ぜる。
Point 4

4
全体が混ざったら、ボウルのまわりについた粉を取りながら手でもみ、ひとかたまりになったらボウルから取り出す。
Point 5

※このとき、水が足りず生地がまとまるのがいつもより遅く感じたら小さじ1程度〜の調整水を加えます。

5
カードで手やボウルについた生地を取り、**4**の生地に加えたら作業台の上に伸ばす。カードで生地を手元に集め、手についた生地もきれいに取る。この作業を何度も繰り返し、生地が作業台につかなくなるくらいまで繰り返す。
Point 6

Point 3
ボウルに材料を入れる順番

材料を入れる順番にとくに決まりはありません。記載されている材料順に入れていくと入れ忘れなどがないので安心です。

Point 4
水は最後に加える

均一な生地を作るためにあらかじめ水以外の材料（粉もの）を混ぜます。ダマを作らないためにも水を加えたらすぐに混ぜましょう。放っておくと水が均一に行き渡らずダマになってしまいます。

Point 5
生地のまとめ方

手をパーにした状態からグーにして指の間から生地が出てくるように、もみながらまとめます。まとまってきたら、ボウルの底や側面に残った粉も生地に含まれるように押さえながらまとめましょう。

指の間から生地が出るようにもむ

Point 6
この生地の特徴

リーンな生地なので、ほかの生地と比べてベタつきます。そのため、手や作業台についた生地をこまめに取りながらこねていきましょう。

Part2 パン作りをはじめましょう

❸ 生地をこねる

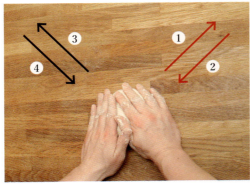

1 手元に生地を置き、自分から見てVの字を描くような作業（右斜め上に生地を伸ばしてこね、手元に戻る。その後、左斜め上に生地を伸ばしてこね、手元に戻る）を繰り返す。

Point 7　Point 8

❹ 生地をたたきつける

1 生地を広げ利き手の人差し指から小指までを生地の端に引っかける。ふりあげて作業台の上に生地をたたきつける。

Point 9　Point 10

2 生地を持ち上げて奥の生地と手で持っている部分を重ねる。重ねた生地の横側を持ち（**b**のマーク部分）、その面を手前に持ちあげたら、**1**のようにふりあげて作業台の上にたたきつける（**1-b**〜**2**までをたたきつけ1回とする）。これを繰り返し、生地をこねあげる。

Point 11

Point 7
この生地のこね目安は50回くらい

目安としては左の写真にあるようにVの字（自分の手元から右斜め上に動かし、手元に戻ってきたら左斜め上に動かし、手元に戻るまで）を描くのを1回とカウントした場合、Vの字を通常は100回くらいですがフランスパンは50回くらいでよいです。

Point 8
生地に具を入れるときのタイミング

本書に掲載しているレシピで生地の中に具を入れる場合は、この段階で加えます。加えたらVの字にこねる作業を繰り返し、生地全体に具が混ざればOKです。

Point 9
生地は伸ばしてからたたく

生地をたたきやすくするために少し伸ばしましょう。伸ばし方は生地を両手で持ち、左右に揺らして伸ばします。

Point 10
上手なたたきつけの方法

生地を持ち上げたら、重力に逆らわずに肘から落とすようにしてたたきつけます。手首だけでたたきつけると余計な力が入って、生地が切れやすくなりますので注意してください。

Point 11
たたきつけの目安時間

この生地はグルテンの成形をする必要がないので、こねあがりは短くていいです。50回くらいを目安にしましょう。

LESSON 5 Basic プチフランスパン

5 生地を丸めて1次発酵させる

1 生地を丸めなおし、表面に膜がピンと張ったら裏側を閉じる。生地に温度計をさし、温度をはかる（26〜28℃ならOK）。
Point 12　Point 13

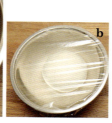

2 ボウルに生地を入れ、ラップをして1次発酵させる。（オーブンの発酵機能を30℃に設定して70分発酵させる）
※お手持ちのオーブンの発酵機能が35℃の場合は30分発酵させ、そのままスイッチを切ってオーブンの中で40分発酵させましょう。

6 フィンガーテストをして生地を分割して休ませる

1 生地の表面に打ち粉をし、人差し指にも粉をつけたら、生地の中心をさす（フィンガーテスト）。指を抜き、穴が小さくならなければOK。

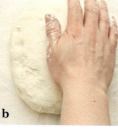

2 パンマットを敷き、打ち粉をしてボウルから生地を取り出し、手で軽くつぶしてガスを抜く。
Point 14

Point 12

温度計の必要性

パン作りのなかでも大切なのが、こねあげ温度。パンの種類ごとに適切な温度が決まっています。少しの温度差でもパンの発酵時間が変わってくるので正確にはかるためにも温度計を用意したほうがよいでしょう。

Point 13

目標のこねあげ温度にならなかった場合

こねあげ温度は±0.5℃ほどなら、ずれても大丈夫といわれています。それよりも低い場合は、1次発酵の時間を長くして発酵を促す必要がありますが、せいぜい−5℃が修正の効く範囲です。一方、2℃以上高かった場合は、イーストが活発に動きはじめているので修正が効きにくくなります。パンの味、形、膨らみが崩れることを覚悟して、1次発酵の段階で生地を冷やす以外にありません。

Point 14

ガス抜きをする理由

一度発生させたガスを抜くのは、発酵でゆるんだ生地に刺激を与えて、グルテンのさらなる形成を促し、網目構造を密にする目的があります。また発酵で発生したアルコールが生地内に充満すると、イーストの活動力が下がります。生地をつぶすとアルコールも逃げるので、イーストが再びよく動くようになります。もうひとつは、生地内に発生した気泡をつぶして、小さな気泡にする役割もあります。こうすることで、きめの細かい生地ができあがります。

Part2 パン作りをはじめましょう

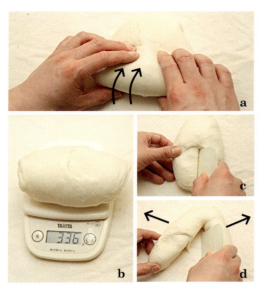

3
手前からくるくると巻いたら、総量をはかりではかる。パンマットの上に縦長になるように生地を置きなおして、カードで中心に切り込みを入れる。

Point 15

4
切り口を広げて1本の棒にする。

5
3ではかった総量から4等分になるように分割する。

Point 16

6
ひとつずつ生地を丸めなおし、閉じ口をつまむ。

Point 17

Point 15

カードを使って分割する理由

1次発酵後、パンを均等に分割する際、通常はカードを使います。生地を手で引きちぎると、切り口がぐちゃぐちゃになってしまったり、形が乱れてしまいます。すると、せっかく発生したガスが余分に抜けてしまう、グルテンの網目構造が壊れるなど、ボリュームが減ってしまいます。注意したいのはカードの扱い方。包丁のように、前後に動かすのではなく、上から押し切るようにしましょう。切断面同士がくっついてしまわないように、すぐ離すことも大切です。

Point 16

分割時の注意点

カードを入れる回数はなるべく少なくしましょう。分割後、多いものから生地を切断し、足りないものにくっつけるのはOKです。ただし、最初から細かく切断するのはおすすめしません。それだけ生地を傷めることになり、ガスが抜ける可能性が高くなります。できるだけカードを入れる回数は減らすことを心掛けましょう。1g程度の誤差は問題ありませんが、数g以上にはならないようにしましょう。あまりに大きさに差が出ると、焼きあがり時間に差が出てしまいます。

Point 17

分割した生地を丸めなおす理由

丸めるというよりも、ガスを抜いて表面をピンと張るための工程です。丸くするのには、どんな形にも成形がしやすくなるという利点があります。分割した生地はベンチタイムを取る必要がありますが、切ったままの形で休ませると、不格好なまま膨らんでしまい、のちのちの成形がしにくくなるのです。例えば、切ったままの生地をバターロールに成形しようとしても、上手く伸ばせないので、結局一度丸めるという工程が必要になります。ならば、最初から丸い形にしてベンチタイムを取るほうが合理的です。

LESSON 5　Basic プチフランスパン

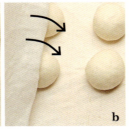

7
パンマットの上に4個並べたらぬれぶきんをかけ、8分間生地を休ませる（ベンチタイム）。
Point 18　Point 19

7 成形して2次発酵させる

1
打ち粉をし、手で軽くおさえてガスを抜く。

2
生地の中心に向かって下半分を折り、くっつける。

3
生地の上半分を中心に向かって折り、くっつける。

4
手前からくるくると巻く。
Point 20

5
しっかりつまんで閉じる。

Point 18
ベンチタイムの必要性

ベンチタイムとは生地を休める時間のことです。分割・丸めの工程で生地は刺激されるので、またグルテンが強化されます。すると生地に弾力が生まれ固く引き締まり、このあとの成形がやりにくくなってしまいます。ここで少し生地を放置して休ませると、発酵が進んで生地が膨らみます。すると、グルテンの膜もゆるむので生地がやわらかくなり、成形がしやすくなるのです。

Point 19
ベンチタイムのときに生地にかける素材

ラップをかけると、生地に張りつくことがあるため、本書では固くしぼったぬれぶきんをおすすめしています。

Point 20
巻いて生地の固さを出す

ドッグロールと成形が似ていますが、やわらかいドッグロールとは違い、フランスパンは歯切れのよさ、フランスパンらしい固さを作るため、半分に折ってくっつけるのではなく、巻いて仕上げます。

Part2 パン作りをはじめましょう

6 両端に手を置いて転がし、先端が細くなるようにする。同様に3個作る。

7 クッキングシートを敷いた天板にのせ、強力粉（分量外）を手でパンの表面にふる。
Point 21

Point 21
粉をふりかける理由
強力粉をふりかけるのは、最後にパンの表面に模様のように残したいからです。あまりかけすぎると粉っぽくなりますので注意しましょう。

8 パンナイフで中央に切り込みを入れたら、オーブンの発酵機能を35℃に設定し、30分（湿度あり）2次発酵させる。
※湿度機能がないオーブンの場合はバットにお湯を入れて一緒にオーブンに入れましょう。

8 焼成する

1 天板を取り出し、オーブンを200℃の予熱に設定する。予熱が完了したら14分焼く。

2 焼きあがったら、クーラーの上に取り出し、粗熱をとる。

LESSON 5

発酵種法の
フランスパン生地に挑戦

発酵種法とは、事前に発酵させた種を本ごね生地に混ぜる製法のこと。発酵種を、室温と冷蔵庫で発酵させておくのがポイントです。ストレート製法、中種製法よりもコクのある生地が作れる、上級者向けの製法です。

発酵種法フランスパン
Hakkoudanehou French bread

発酵種の作り方を学べる、上級者向けの製法です。
発酵種、1次発酵、2次発酵の時間と温度に注意しましょう。
フランスパンに欠かせない、クープの入れ方も紹介します。

材料（2本分）

発酵種の材料	分量	ベーカーズパーセント
フランスパン専用粉	70g	26
ドライイースト	1g	0.37
水	50g	18.5

本ごねの材料	分量	ベーカーズパーセント
フランスパン専用粉	200g	74
塩	4g	1.48
ドライイースト	1g	0.37
水	136g〜	50.3〜

※フランスパン専用粉は、リスドォルを使用しています。

下準備
☐ 水は30℃に調温する

パン作りの目安

こねあげ温度	25〜26℃
発酵種の発酵	60分（室温）、その後ガスを抜いて密封し、冷蔵庫で12〜15時間発酵させる
1次発酵	80分（オーブンの発酵30℃で40分。ガス抜きしたらオーブンに戻して同じく30℃で40分）
分割	2等分
ベンチタイム	15分
2次発酵	50分〜（オーブンの発酵35℃／湿度なし）
焼成	16分（300℃に設定し、予熱が完了したらスイッチを切り、余熱で8分焼く。その後220℃で8分）

※1次発酵の発酵温度と時間は30℃で80分（途中ガス抜きあり）が基本ですが、オーブンに30℃の機能がない場合は35℃で30分に設定し、ガス抜きをしたらオーブンのスイッチを切ってオーブンの中で50分発酵させてください。

1 計量する

はかりでひとつずつの材料を正確に計量する。30℃の水（仕込み水）を用意する。

Point 1

Point 1
計量は正確に

1gでも粉の量が変われば、適切な水の量も変わってきます。結果として生地が固くなったり、食感が悪くなってしまう可能性があります。おいしいパンを作るためにも、計量はレシピ通りにきっちりと行いましょう。塩やイーストなどの分量の少ないものはとくに注意が必要です。

2 発酵種の材料をボウルに入れてまとめる

1
計量した30℃の仕込み水にイーストを入れる。

Point 2

Point 2
仕込み水の温度

こねあげ温度に影響するので、守りましょう。「仕込み水」の温度は5〜40℃の範囲で調整可能とされており、生地の状態や室温、湿度などで適切な温度は変わってきます。適正温度の算出は経験とデータの蓄積が必要になり、本書の仕込み水の温度は室温20〜25℃、湿度50〜70%の環境で設定して算出しています。水はパン生地の材料の中での割合が多く、こねあげ温度にかかわりますので面倒でも温度は守りましょう。

LESSON 5　Arrange　発酵種法フランスパン

2 ボウルにフランスパン専用粉を入れて手で混ぜる。

3 1のイーストと仕込み水を指で混ぜて2のボウルに入れて混ぜる。
Point 3

Point 3
水は最後に加える
均一な生地を作るためにあらかじめ水以外の材料（粉もの）を混ぜます。ダマを作らないためにも水を加えたらすぐに混ぜましょう。放っておくと水が均一に行き渡らずダマになってしまいます。

4 全体が混ざったら、ボウルのまわりについた粉を取りながら手でもみ、ひとかたまりになったらボウルから取り出す。
Point 4

Point 4
生地のまとめ方
手をパーにした状態からグーにして指の間から生地が出てくるように、もみながらまとめます。まとまってきたら、ボウルの底や側面に残った粉も生地に含まれるように押さえながらまとめましょう。

指の間から生地が出るようにもむ

5 丸めてボウルに入れ、ラップをかけて室温で60分発酵させる。

Point 5
カードを使ったガスの抜き方
均一にガスを抜くために、ボウルの縁にカードを使って押しつける感じで生地からガスを抜きましょう。

❸ 発酵種のガスを抜く

1 ボウルの中にカードを入れてボウルの縁に押さえつけながらガスを抜く。
Point 5

Part2 パン作りをはじめましょう

ガス抜きした直後　　15時間後

2
再度ラップをして生地が乾かないように完全に密封し、冷蔵庫で12〜15時間発酵させる。
Point 6

Point 6
冷蔵発酵のメリット
時間をかけてゆっくり発酵するので、イーストの使用量が少なくてすみ、もちもち、しっとりとした粉の味が際立ちます。また、冷蔵庫の中は一定の温度を保つことができるので温度変化のある室温での発酵よりデータが取りやすいというメリットもあります。

4 本ごね生地を作る

1
ボウルに本ごね用の材料（フランスパン専用粉、塩）を入れて手で混ぜる。仕込み水にイーストを入れて混ぜたらボウルに加える。

2
全体が混ざるまで混ぜたらボウルから作業台の上に取り出す。
Point 7

Point 7
混ぜる目安
写真のように粉っぽさがなくなり、全体が混ざった感じになればOKです。

3
作業台の上で伸ばして、カードで手元に集めてまた伸ばす作業を繰り返し、ある程度まとめる。
Point 8

Point 8
この生地の特徴
リーンな生地で、水分も多めなのでほかの生地と比べてベタつきます。そのため、手や作業台についた生地をこまめに取りながらこねていきましょう。

LESSON 5 *Arrange* 発酵種法フランスパン

4
15時間かけて発酵させた発酵種の生地はカードを使って生地のガスを抜き、8個ほどに切ったら3の本ごね生地に加える。
Point 9

Point 9
発酵種の生地のほうを切って本ごね用に加える理由

発酵種の生地をいくつかに切ったほうが本ごね生地とのなじみがいいので切ります。どちらかというと発酵種のほうが冷蔵庫でしまっているので、そちらを切りましょう。

5
作業台の上で生地を上に伸ばし、カードで手元に戻すを繰り返し、作業台につかなくなるまで繰り返す。

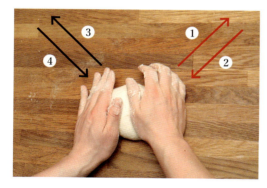

6
手元に生地を置き、自分から見てVの字を描くような作業(右斜め上に生地を伸ばしこね、手元に戻る。その後、左斜め上に生地を伸ばしてこね、手元に戻る)を繰り返す。
Point 10　Point 11

Point 10
この生地のこね目安は50回くらい

目安としては左の写真にあるようにVの字(自分の手元から右斜め上に動かし、手元に戻ってきたら左斜め上に動かし、手元に戻るまで)を描くのを1回とカウントした場合、Vの字を通常は100回くらいですがフランスパンは50回くらいでよいです。

Point 11
生地に具を入れるときのタイミング

本書に掲載しているレシピで生地の中に具を入れる場合は、この段階で加えます。Vの字にこねる作業を繰り返し、生地全体に具が混ざればOKです。

5 生地をたたきつける

1
生地を広げ利き手の人差し指から小指までを生地の端に引っかける。ふりあげて作業台の上に生地をたたきつける。

Part2 パン作りをはじめましょう

2
生地を持ち上げて奥の生地と手で持っている部分を重ねる。重ねた生地の横側を持ち（**b**のマーク部分）、その面を手前に持ち上げたら、**1**のようにふりあげて作業台の上にたたきつける。これを繰り返し、生地をこねあげる。
Point 12

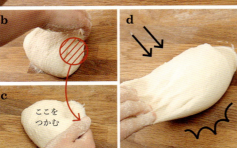

Point 12
たたきつけの目安時間
この生地はグルテンの成形をする必要がないので、こねあがりは短くていいです。50回くらいを目安にしましょう。

3
グルテン膜ができていたら完成。

6 生地を丸めて1次発酵させる

1
生地を丸めなおし、表面に膜がピンと張ったら裏側を閉じる。生地に温度計をさし、温度をはかる（25〜26℃ならOK）。
Point 13　Point 14

Point 13
温度計の必要性
パン作りのなかでも大切なのが、こねあげ温度。パンの種類ごとに適切な温度が決まっています。少しの温度差でもパンの発酵時間が変わってくるので正確にはかるためにも温度計を用意したほうがよいでしょう。

Point 14
目標のこねあげ温度にならなかった場合
こねあげ温度は±0.5℃ほどなら、ずれても大丈夫といわれています。それよりも低い場合は、1次発酵の時間を長くして発酵を促す必要がありますが、せいぜい−5℃が修正の効く範囲です。一方、2℃以上高かった場合は、イーストが活発に動きはじめているので修正が効きにくくなります。パンの味、形、膨らみが崩れることを覚悟して、1次発酵の段階で生地を冷やす以外にありません。

2
ボウルに生地を入れ、ラップをして1次発酵させる。オーブンの発酵機能を30℃に設定して途中40分で一度取り出しガス抜きしたらオーブンに戻して同じ温度でさらに40分発酵させる。

※お手持ちのオーブンの発酵機能が35℃の場合、オーブンの発酵機能を30分にして発酵させ、スイッチを切りガス抜きをします。オーブンに戻すときは再びスイッチを入れずにオーブン内の余熱だけで50分発酵させます。

LESSON 5 *Arrange* 発酵種法フランスパン

7 フィンガーテストをして生地を分割して休ませる

1
生地の表面に打ち粉をし、人差し指にも粉をつけたら、生地の中心をさす（フィンガーテスト）。指を抜き、穴が小さくならなければ OK。
Point 15

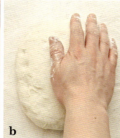

2
パンマットを敷き、打ち粉をしてボウルから生地を取り出し、手で軽くつぶしてガスを抜く。

3
手前からくるくると巻いたら、総量をはかりではかる。
Point 16

4
3ではかった総量から2等分になるように分割する。

Point 15
フィンガーテストの正しい方法

生地に人差し指を入れて、生地の戻り具合を確かめるのが「フィンガーテスト」です。まず、生地の表面に打ち粉（強力粉）をふり人差し指にも粉を薄くつけます。生地に対して垂直に、第二関節あたりまで沈めます。そのまま、まっすぐ上にすっと抜き、このときの状況で判断します。

・できた穴が小さくなって埋まろうとしている→発酵不足
・少し穴が小さくなるが、そのまま保たれている→ちょうどいい発酵
・穴をあけると空気が抜けたように生地がしぼむ、気泡ができる→過発酵

と判定ができます。発酵不足の場合は発酵を足せばリカバーできますが、過発酵してしまうと難しくなります。

Point 16
カードを使って分割する理由

1次発酵後、パンを均等に分割する際、通常はカードを使います。生地を手で引きちぎると、切り口がぐちゃぐちゃになってしまったり、形が乱れてしまいます。すると、せっかく発生したガスが余分に抜けてしまう、グルテンの網目構造が壊れるなど、ボリュームが減ってしまいます。注意したいのはカードの扱い方。包丁のように、前後に動かすのではなく、上から押し切るようにしましょう。切断面同士がくっついてしまわないように、すぐ離すことも大切です。

5
2回ほど巻き、手でつぶし、そのままふんわりと巻く。

Point 17

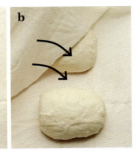

6
巻き終わりを下にしてパンマットの上に2個並べたらぬれぶきんをかけ、15分間生地を休ませる（ベンチタイム）。

8 成形して布取りをして2次発酵させる

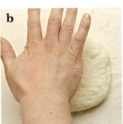

1
打ち粉をし、手で軽くつぶしてガスを抜く。

2
生地の上下を逆にして巻き終わりを上にする。

Point 18

3
中心に向かって下半分を1回折ったら手のひらでくっつける。

Part2 パン作りをはじめましょう

Point 17
グルテンが弱い生地の丸めなおし方
グルテンの弱い生地なので、いつものようにしっかりガスを抜いて丸めると生地の回復が遅れ焼きそこなうことがあります。ガスを抜きすぎないように折りたたむようにやさしく丸めます。

Point 18
巻き終わりを上にする
フランスパンの成形をするにあたり、きれいなクープを出すためには、巻き終わりや閉じ口を意識することが必要です。途中で閉じ口がわからなくなってしまうことも多いので、巻き終わりを上にして成形していきます。

LESSON 5 *Arrange* 発酵種法フランスパン

 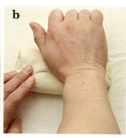

4 上半分の生地を中心に向かって折り、くっつける。

5 中央の閉じ口に向かって、左右の生地を指でたくし上げるように引っ張り、中に押し込んでいく。
Point 19

6 しっかり閉じる。

7 閉じ口を下にして手で転がして22cmに伸ばす。
Point 20

8 天板にキャンバス地を波打つように入れ、そのくぼみ部分に閉じ口を下にして入れ、上から強力粉（分量外）をふる。オーブンの発酵機能を35℃に設定し、50分〜（湿度なし）2次発酵させる。
Point 21

Point 19
フランスパン成形ポイント

生地にしっかりとした歯ごたえなどができるように生地を中心に向かって入れていきます。指を使って生地を押し込んでいくようにしましょう。ピンと生地が張ってきたら、しっかりと閉じていきましょう。

Point 20
閉じ口の位置

成形後、閉じ口がわかりにくくなるので注意しましょう。閉じ口を下にしないとクープは開きません。

閉じ口が下
◎

閉じ口が上
✕

Point 21
布取りの必要性

簡単にいえば、布取りをすることできれいな形で発酵することができます。通常の発酵は上・左・右に全体的に広がりますが、フランスパンのバゲット型を維持させるためには、横よりも縦に発酵を伸ばしたい。だから横に壁を作って制限しているのです。これを行わないと、べたっとした形になる可能性が高まります。なお、畝（うね）を作れるような、ハリのある布ならばキャンバス地でなくても問題はありませんが、扱いやすさの点でキャンバス地をおすすめします。

❾ 仕上げて焼成する

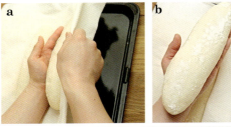

1
天板を取り出し、生地をクッキングシートの上にのせかえる。天板のみをオーブンに入れ300℃の予熱に設定する。
※このとき、バットに熱湯を入れたものを一緒にオーブンの最下段に入れます。
Point 22

2
予熱が完了するまでに生地の表面に強力粉（分量外）を手でふり、クープナイフで切り込みを入れる。
Point 23

3
予熱が完了したらオーブンのスイッチを切る。熱くなった天板の上に**2**の生地を置き、パンの表面に霧吹きをかけ、8分間は余熱で焼く。その後、オーブンの温度を220℃に設定し、8分焼く。

4
焼きあがったらクーラーに取り出し、粗熱をとる。

Part2 パン作りをはじめましょう

Point 22

パンの伸びをよくする工夫

天板ごとオーブンに入れる理由は生地の上からだけでなく、下からあたためないとパンの伸びが悪くなるからです。とくにフランスパンのようなリーン系のパンはもともと生地の伸びが少なめの配合。だから、天板を予熱して、生地を下からあたためることが必要になります。

Point 23

きれいなクープを入れるコツ

クープで切り込みを入れる前にカードでうっすら線を入れておくと切るときの目安となるのでよいでしょう。切り込みはできるだけさっと入れていきましょう。

Arrange
オリーブブレッド
Olive Bread

フランスパンの生地にオリーブの実を練り込むアレンジを紹介します。噛めば噛むほどオリーブの旨味が口いっぱいに広がります。

Part2 パン作りをはじめましょう

材料（5個分）	分量	ベーカーズパーセント
フランスパン専用粉	200g	100
塩	4g	2
砂糖	6g	3
オリーブオイル	10g	5
ドライイースト	1g	0.5
水	125g〜	62.5〜

生地に加える材料	分量	ベーカーズパーセント
ブラックオリーブ（種なし）	60g	30

※フランスパン専用粉は、リスドォルを使用しています。

下準備
- □ 水は30℃に調温する
- □ 天板にクッキングシートを敷く
- □ ブラックオリーブは5つくらいの輪切りにする

パン作りの目安

こねあげ温度	26〜28℃
1次発酵	60分（オーブンの発酵 30℃で60分）
分割	5等分
ベンチタイム	15分
2次発酵	40分（オーブンの発酵 35℃／湿度あり）
焼成	15分（200℃）

※1次発酵の発酵温度と時間は、30℃で60分が基本ですが、オーブンに30℃の機能がない場合は35℃で30分に設定し、その後、オーブンのスイッチを切ってオーブンの中で30分発酵させてください。

1 生地を作る

P.125〜P.127の**4**までを参考に生地を作る。P.128の**5**を参考に1次発酵させたら5分割にして丸めなおし、ぬれぶきんをかけてベンチタイムを15分とる。

※生地にブラックオリーブを加えます。加え方の詳細はP.127 Point 8 を参照してください。

※生地にオリーブオイルを加えます。P.126の**2**の粉ものを混ぜ終えた段階で中央にくぼみを作り、オリーブオイルを加えてください。

2 成形する

1 手で軽くつぶしてガスを抜き、平らにする。中心に向かって下半分、上半分の順に折り、くっつける。

2 さらに半分に折り、しっかりつまんで閉じる。

3 片手で転がして18cmの棒状に伸ばし、クッキングシートを敷いた天板にのせる。同様に4個作る。

4 生地の表面に強力粉（分量外）を手でふる。

3 2次発酵させる

オーブンの発酵機能を35℃に設定し、40分（湿度あり）2次発酵させる。

※湿度機能がないオーブンの場合はバットにお湯を入れて一緒にオーブンに入れましょう。

4 焼成する

天板を取り出し、オーブンを200℃の予熱に設定する。予熱が完了したら、オーブンで15分焼く。

Arrange
トマトフランス
French Tomato Bread

フランスパンにトマトジュースを加えて色づけします。
水で作るときとは違った鮮やかな生地に仕上がります。
トマトジュースによって水分量が違うのでカゴメの無塩トマトジュースがおすすめです。

Part2 パン作りをはじめましょう

材料（4個分）	分量	ベーカーズパーセント
フランスパン専用粉	200g	100
塩	4g	2
きび砂糖	6g	3
オリーブオイル	10g	5
ドライイースト	3g	1.5
水	50g〜	25〜
トマトジュース	80g	40
生地に加える材料	分量	ベーカーズパーセント
ドライトマト	20g	10

※フランスパン専用粉は、リスドォルを使用しています。

下準備
☐ トマトジュースは室温に戻し、水は 30℃に調温する
☐ 天板にクッキングシートを敷く
☐ ドライトマトの表面が、包丁で切れないくらい硬いものは熱湯で戻して水けをきり、幅5mmに切る

パン作りの目安

こねあげ温度	26〜28℃
1次発酵	60分（オーブンの発酵 30℃で60分）
分割	4等分
ベンチタイム	15分
2次発酵	40分（オーブンの発酵 35℃／湿度あり）
焼成	15分（210℃）

※1次発酵の発酵温度と時間は、30℃で60分が基本ですが、オーブンに30℃の機能がない場合は35℃で30分に設定し、その後、オーブンのスイッチを切ってオーブンの中で30分発酵させてください。

1 生地を作る

P.125〜P.127の4までを参考に生地を作る。P.128の5を参考に1次発酵させたら4分割にして丸めなおし、ぬれぶきんをかけてベンチタイムを15分とる。

※仕込み水の一部をトマトジュース（カゴメの無塩ジュース）にしています。
※生地にドライトマトを加えます。加え方の詳細はP.127 Point 8 を参照してください。

2 成形する

a

b

1 手で軽くつぶしてガスを抜き、平らにする。生地の中心に向かって下半分、上半分の順に折り、くっつける。さらに半分に折り、しっかりつまんで閉じる。

2 片手で軽く転がして15cmの棒状に伸ばし、クッキングシートを敷いた天板にのせる。同様に3個作る。生地の表面に強力粉（分量外）を手でふる。

3 2次発酵させる

オーブンの発酵機能を35℃に設定し、40分（湿度あり）2次発酵させる。

※湿度機能がないオーブンの場合はバットにお湯を入れて一緒にオーブンに入れましょう。

4 仕上げて焼成する

1 天板を取り出し、オーブンを210℃の予熱に設定する。予熱が完了したらはさみを斜めにして、生地の表面に3本切り込みを入れる。

2 生地を少しずらしてすき間を作る。生地全体に霧吹きをかけ、オーブンで15分焼く。
Point

Point
切り込みの入れ方とずらし方

はさみを斜めにして切るのがポイントです。斜めに切り込みを入れることでよりきれいな切り込みが入ります。ずらし方は大きくずらすというよりも少し重ならないようにずらすイメージです。

材料（6個分）	分量	ベーカーズパーセント
フランスパン専用粉	200g	100
塩	4g	2
黒こしょう	1g	0.5
きび砂糖	6g	3
オリーブオイル	20g	10
ドライイースト	3g	1.5
水	130g〜	65〜
生地に加える材料	分量	ベーカーズパーセント
ピスタチオ	40g	20
成形のときに加える材料	分量	
ピザ用チーズ	90g	

※フランスパン専用粉は、リスドォルを使用しています

下準備
☐ 水は30℃に調温する
☐ 天板にクッキングシートを敷く

パン作りの目安

こねあげ温度	26〜28℃
1次発酵	60分（オーブンの発酵30℃で60分）
分割	6等分
ベンチタイム	15分
2次発酵	40分（オーブンの発酵35℃／湿度あり）
焼成	15分（200℃）

※1次発酵の発酵温度と時間は、30℃で60分が基本ですが、オーブンに30℃の機能がない場合は35℃で30分に設定し、その後、オーブンのスイッチを切ってオーブンの中で30分発酵させてください。

1 生地を作る

P.125〜P.127の **4** までを参考に生地を作る。P.128の **5** を参考に1次発酵させたら6分割にして丸めなおし、ぬれぶきんをかけてベンチタイムを15分とる。

※生地に黒こしょう、オリーブオイル、ピスタチオを加えます。黒こしょうはP.126の **2** の粉ものを混ぜる段階で一緒に加えて全体を混ぜたら中央にくぼみを作り、オリーブオイルを加えます。ピスタチオの加え方の詳細はP.127 **Point 8** を参照してください。

2 成形する

1 手で軽くつぶしてガスを抜き、平らにする。生地の中央にピザ用チーズ15gをのせて手で押さえ、左右を斜めに折り、扇状にする。

a

b

2 生地を手前から巻く。巻き終わりをつまんで閉じ、両端が細くなるように両手で転がして形をととのえる。

Part2 パン作りをはじめましょう

Arrange

パン・オ・ピスタチオ
Pain aux Pistache

ピスタチオを生地に混ぜ込んで作りましょう。
フィリングはチーズをたっぷり入れるときのパンの成形の仕方も勉強できちゃいます。
ボリューム満点のパンになります。

3
クッキングシートを敷いた天板に閉じ口を下にしてのせる。同様に5個作り、生地の表面に強力粉（分量外）を手でふる。

3 2次発酵させる
オーブンの発酵機能を35℃に設定し、40分（湿度あり）2次発酵させる。
※湿度機能がないオーブンの場合はバットにお湯を入れて一緒にオーブンに入れましょう。

4 仕上げて焼成する
天板を取り出し、オーブンを200℃の予熱に設定する。予熱が完了したら、包丁で中央に切り込みを1本入れる。生地全体に霧吹きをかけ、オーブンで15分焼く。

147

パン・オ・フィグ
Pain aux Figues

いちじくとくるみを贅沢に加えるパン。
とくにいちじくの大きさは、
フィリングを包む練習の集大成にもなります。

Part2 パン作りをはじめましょう

材料（2個分）	分量	ベーカーズパーセント
グラハム粉	20g	10
フランスパン専用粉	180g	90
塩	3g	1.5
ドライイースト	3g	1.5
水	125g〜	62.5〜
生地に加える材料	分量	ベーカーズパーセント
ドライいちじく（生地用）	80g	40
成形のときに加える材料	分量	
ドライいちじく	4個	
くるみ	40g	

※フランスパン専用粉は、リスドォルを使用しています。

下準備
- ☐ 水は30℃に調温する
- ☐ 天板にクッキングシートを敷く
- ☐ くるみは160℃のオーブンで10分焼く
- ☐ ドライいちじく（生地用）は幅5mmに切る

パン作りの目安

こねあげ温度	26〜28℃
1次発酵	60分（オーブンの発酵30℃で60分）
分割	2等分
ベンチタイム	20分
2次発酵	50分（オーブンの発酵35℃／湿度あり）
焼成	25分（210℃）

※1次発酵の発酵温度と時間は、30℃で60分が基本ですが、オーブンに30℃の機能がない場合は35℃で30分に設定して、その後、オーブンのスイッチを切ってオーブンの中で30分発酵させてください。

1 生地を作る

P.125〜P.127の **4** までを参考に生地を作る。P.128の **5** を参考に1次発酵させたら2分割にして丸めなおし、ぬれぶきんをかけてベンチタイムを20分とる。

※生地に5mmに刻んだいちじくを加えます。加え方の詳細はP.127 Point 8 を参照してください。

2 成形する

1 手で軽くつぶしてガスを抜き、直径12cmの円形に伸ばし、生地の上半分の左側にドライいちじく1個、右側にくるみ10gをのせる。

2 半分に折り、手でまわりを押さえ、その上の右側にさらにいちじく1個、左側にくるみ10gをのせる。

3 半分に折り、ドライいちじくとくるみが出てこないように押さえて丸め、生地を手で持ってさらに丸める。

Point

4 裏面を上にして、クッキングシートを敷いた天板にのせる。同様にもうひとつ作る。生地の表面に強力粉（分量外）を手でふる。

3 2次発酵させる

オーブンの発酵機能を35℃に設定し、50分（湿度あり）2次発酵させる。

※湿度機能がないオーブンの場合はバットにお湯を入れて一緒にオーブンに入れましょう。

4 仕上げて焼成する

天板を取り出し、オーブンを210℃の予熱に設定する。予熱が完了したら、生地全体に霧吹きをかけ、オーブンで25分焼く。

> **Point**
>
> **手で最後に形をととのえる**
>
> このパンは大きな形になります。フィリングのいちじくとくるみを包み終わったら、手で持ってさらにやさしく丸めてあげましょう。

Arrange
オリーブフガス
Olive Fougasse

パン生地一枚を丸ごと使って作る大きなパン。インパクト大！な印象です。
フィリングの混ぜ方もほかとは違い、簡単なのでぜひお試しあれ。

材料（1個分）	分量	ベーカーズパーセント
フランスパン専用粉	200g	100
塩	4g	2
砂糖	6g	3
オリーブオイル	40g	20
黒こしょう	小さじ1/4	—
ドライイースト	3g	1.5
水	130g〜	65〜

成形のときに加える材料		分量
A	ブラックオリーブ（種なし）	20g
	グリーンオリーブ（種なし）	20g
	粉チーズ	大さじ2
	ドライバジル	小さじ1

仕上げの材料	
オリーブオイル	適量

※フランスパン専用粉は、リスドォルを使用しています。

下準備
- 水は30℃に調温する
- 天板にクッキングシートを敷く
- ブラックオリーブ、グリーンオリーブは、幅5mmに切る

パン作りの目安

こねあげ温度	26〜28℃
1次発酵	60分（オーブンの発酵 30℃で60分）
分割	—
ベンチタイム	15分
2次発酵	30分（オーブンの発酵 40℃／湿度あり）
焼成	17分（200℃）

※1次発酵の発酵温度と時間は、30℃で60分が基本ですが、オーブンに30℃の機能がない場合は35℃で30分に設定し、その後、オーブンのスイッチを切ってオーブンの中で30分発酵させてください。

Part2 パン作りをはじめましょう

1 生地を作る

P.125〜P.127の 4 までを参考に生地を作る。P.128の 5 を参考に1次発酵させたら丸めなおし、ぬれぶきんをかけてベンチタイムを15分とる。

※生地に黒こしょうとオリーブオイルを加えます。黒こしょうはP.126の 2 の粉ものを混ぜる段階で加えます。オリーブオイルは、粉ものを混ぜ終えた段階で中央にくぼみを作り、加えてください。

2 成形する

1
手で軽くつぶしてガスを抜き、めん棒で縦25×横20cmの長方形に伸ばし、1cmほど縁を残して**A**をまんべんなくのせる。

2
上下を折り、三つ折りにしたら生地を縦長に回転させ、さらに三つ折りにする。巻き終わりを下にして、ぬれぶきんをかけて5分休ませたら手で軽く押さえてから、めん棒で縦30×横20cmの長方形に伸ばす。

3
生地の中央にスケッパーで縦上下に2ヵ所切り込みを入れ、切り込みを挟んだ左右の生地に斜めに12ヵ所、葉脈に見えるように切り込みを入れる。

真上からみると

4
クッキングシートを敷いた天板にちぎれないようにそっとのせ、切り込みを広げる。

Point

3 2次発酵させる

オーブンの発酵機能を40℃に設定し、30分(湿度あり)2次発酵させる。

※湿度機能がないオーブンの場合はバットにお湯を入れて一緒にオーブンに入れましょう。

4 仕上げて焼成する

天板を取り出し、オーブンを200℃の予熱に設定する。予熱が完了したらオリーブオイルを塗り、オーブンで17分焼く。

Point
成形時の注意点

焼きあがったときに葉脈の模様がきれいに出るように広げます。万が一、広げている間に生地が切れてしまった場合は慌てず、生地と生地をもう一度くっつけましょう。

LESSON 6-①

Special
スペシャルな生地

ここからはパン教室でも上級クラスといわれるパンを紹介していきます。ブリオッシュの生地とは「バターがたっぷり入った、甘くない生地」のこと。スキムミルク、バターに加え、全卵、卵黄を使ったリッチな生地を作りましょう。バターを2段階に分けて混ぜることがポイントです。

ブリオッシュ
Brioche

いかにバターの風味を活かした生地を作れるかがポイント。
冷たいバターを使うこと、2回に分けて混ぜることが重要です。
アテートと呼ばれる、ブリオッシュ独特の成形も知っておきましょう。

材料（6個分）	分量	ベーカーズパーセント
強力粉	200g	100
塩	2g	1
砂糖	16g	8
スキムミルク	6g	3
バター（無塩）	60g	30
全卵	30g	15
卵黄	20g	10
ドライイースト	4g	2
水	78g〜	39〜

仕上げの材料	分量
焼成用塗り卵	適量

下準備
- [ ] 水は30℃に調温する
- [ ] バターは冷たいものを用意する
- [ ] プリンカップにクッキングシートを敷く
- [ ] 焼成用の塗り卵はよく溶きほぐす

パン作りの目安

こねあげ温度	24〜26℃
1次発酵	60分（オーブンの発酵 30℃で60分）
分割	6等分
ベンチタイム	10分
2次発酵	30分（オーブンの発酵 35℃／湿度なし）
焼成	14分（180℃）

※1次発酵の発酵温度と時間は、30℃で60分が基本ですが、オーブンに30℃の機能がない場合は35℃で30分に設定し、その後、オーブンのスイッチを切ってオーブンの中で30分発酵させてください。

1 計量する

はかりでひとつずつの材料を正確に計量する。30℃の水（仕込み水）を用意する。
Point 1

Point 1
計量は正確に

1gでも粉の量が変われば、適切な水の量も変わってきます。結果として生地が固くなったり、食感が悪くなってしまう可能性があります。おいしいパンを作るためにも、計量はレシピ通りにきっちりと行いましょう。塩やイーストなどの分量の少ないものはとくに注意が必要です。

2 材料をボウルに入れてまとめる

1
計量した30℃の仕込み水にイーストを入れる。
Point 2

Point 2
仕込み水の温度

こねあげ温度に影響するので、守りましょう。「仕込み水」の温度は5〜40℃の範囲で調整可能とされており、生地の状態や室温、湿度などで適切な温度は変わってきます。適正温度の算出は経験とデータの蓄積が必要になり、本書の仕込み水の温度は室温20〜25℃、湿度50〜70％の環境で設定して算出しています。水はパン生地の材料の中での割合が多く、こねあげ温度にかかわりますので面倒でも温度は守りましょう。

LESSON 6 *Special* ブリオッシュ

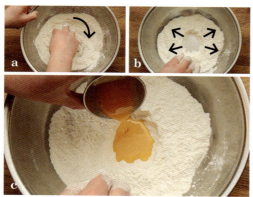

2 ボウルに強力粉、塩、砂糖、スキムミルクを入れて手で混ぜ、中央をくぼませて全卵、卵黄を加える。
Point 3

Point 3
ボウルに材料を入れる順番

材料を入れる順番にとくに決まりはありません。記載されている材料順に入れていくと入れ忘れなどがないので安心です。

3 1のイーストと仕込み水を指で混ぜて2のボウルに入れて混ぜる。
Point 4

Point 4
水は最後に加える

均一な生地を作るためにあらかじめ水以外の材料（粉もの）を混ぜます。ダマを作らないためにも水を加えたらすぐに混ぜましょう。放っておくと水が均一に行き渡らずダマになってしまいます。

4 全体が混ざったら、ボウルのまわりについた粉を取りながら手でもみ、ひとかたまりになったらボウルから取り出す。
Point 5

※このとき、水が足りず生地がまとまるのがいつもより遅く感じたら小さじ1程度〜の調整水を加えます。

Point 5
生地のまとめ方

手をパーにした状態からグーにして指の間から生地が出てくるようにもみながらまとめます。まとまってきたら、ボウルの底や側面に残った粉も生地に含まれるように押さえながらまとめましょう。

指の間から生地が出るようにもむ

5 カードで手やボウルについた生地を取り、4の生地に加えたら作業台の上に伸ばす。
Point 6

Point 6
手やボウルなどについた生地はきれいに取る

まだ生地がやわらかい段階では手やボウル、カードにくっつきやすくなっています。それらを適宜、きれいに取り除きましょう。手についた生地は、そのままにしておくと乾燥してしまいます。また、あまり手やカードに生地がくっついてしまうと、生地の総量が変わってしまい、焼き上げたときにボリュームが少なくなる可能性もあります。

Part2 パン作りをはじめましょう

6
カードで生地を手元に集め、手についた生地もきれいに取る。再度5のように生地を伸ばしカードで生地を手元に集めるという作業を何度も繰り返し、生地が作業台につかなくなるくらいまで繰り返す。

3 生地をこねる

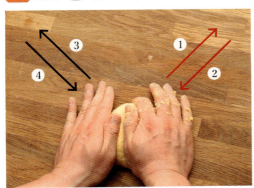

1
手元に生地を置き、自分から見てVの字を描くような作業（右斜め上に生地を伸ばしてこね、手元に戻る。その後、左斜め上に生地を伸ばしてこね、手元に戻る）を繰り返す。

Point 7

Point 7
生地こねの目安は100回くらい
何度も作れば、タイミングがわかってきますがはじめはむずかしいと思います。目安としては左の写真にあるようにVの字（自分の手元から右斜め上に動かし、手元に戻ってきたら左斜め上に動かし、手元に戻るまで）を描くのを1回とカウントした場合、Vの字を100回くらいが目安です。

2
途中指先を使って生地を薄く伸ばし、グルテンの膜ができているかを調べる。

Point 8

Point 8
グルテン膜の途中確認
この段階では、まだこねている途中です。こねあげのときにきれいなグルテンの膜ができていればOKなので、この段階では、写真のような大きな穴があいてしまうようでなければ大丈夫です。

3
生地を丸く伸ばし、中央に半量分の冷たいバターを置き、少し伸ばす。

Point 9

Point 9
バターを加えるタイミング
パン作りに用いられるバターは、生地内のグルテンの膜に沿うようにして生地全体に広がっていきます。だから、グルテンがある程度生成された状態で投入したほうが、効率よく生地全体になじんでいくのです。バターを投入すると、グルテンの伸びがぐんとよくなります。

LESSON 6 Special ブリオッシュ

4 生地を半分に折る。

 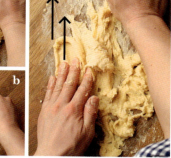

5 生地を上に伸ばし、カードで手元に集めてくるという作業を繰り返し、バターが生地全体に混ざるようにこねる。

6 生地が作業台の上から離れ、まとまってくるまで繰り返す。2度目のバターを入れ同様に仕上げる。

Point 10　Point 11

④ 生地をたたきつける

1 生地を広げ、利き手の人差し指から小指までを生地の端に引っかける。

2 ふりあげて作業台の上に生地をたたきつける。

Point 10
バターを2回に分ける理由

簡単にいえば、バターの配合が多いから2回に分けて加えます。バターが多い分、生地がベタベタしやすく、まとまりにくくなってしまいます。また、バターはグルテンの生成を妨げる一面があるため、一度に大量に入れると、グルテンができにくくなることも。2回に分ければ、バターを混ぜやすいうえに、グルテンの順調な生成も妨げません。

Point 11
生地に具を入れるときのタイミング

本書に掲載しているレシピで生地の中に具を入れる場合は、この段階で加えます。バターを混ぜるのと同様、Vの字にこねる作業を繰り返し、生地全体に具が混ざればOKです。

Part2 パン作りをはじめましょう

3

生地を持ち上げて奥の生地と手で持っている部分を重ねる。重ねた生地の横側を持ち（**b**のマーク部分）、その面を手前に持ち上げたら、ふりあげて作業台の上にたたきつける（2〜3までをたたきつけ1回とする）。これを繰り返し、生地をこねあげる。

Point 12

Point 12
こねあがりの目安時間
本来、生地をこねている時間ではなく、グルテン膜ができているかどうか、生地のハリ感など生地の状態で判断します。ただ、これも経験を積んだ勘に頼るところなので、はじめのうちはたたきつけ100回くらいが目安と思っておきましょう。

4

グルテン膜ができていたら完成。

Point 13

Point 13
グルテン膜の見方
中指を人差し指の下に添えて人差し指と中指で生地をのばすようにゆっくり広げます。途中、生地が切れたりしなければOKです。

5 生地を丸めて1次発酵させる

1

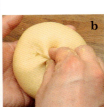

生地を丸めなおし、表面に膜がピンと張ったら裏側を閉じる。

2

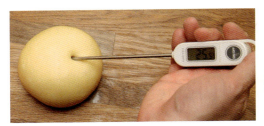

生地に温度計をさし、温度をはかる（24〜26℃ならOK）。

Point 14 **Point 15**

Point 14
温度計の必要性
パン作りのなかでも大切なのが、こねあげ温度。パンの種類ごとに適切な温度が決まっています。少しの温度差でもパンの発酵時間が変わってくるので正確にはかるためにも温度計を用意したほうがよいでしょう。

3

ボウルに生地を入れ、ラップをして1次発酵させる。
（オーブンの発酵機能を30℃に設定して60分発酵させる）

※お手持ちのオーブンの発酵機能が35℃の場合は30分発酵させ、そのままスイッチを切ってオーブンの中で30分発酵させましょう。

Point 15
目標のこねあげ温度にならなかった場合
こねあげ温度は±0.5℃ほどなら、ずれても大丈夫といわれています。それよりも低い場合は、1次発酵の時間を長くして発酵を促す必要がありますが、せいぜい−5℃が修正の効く範囲です。一方、2℃以上高かった場合は、イーストが活発に動きはじめているので修正が効きにくくなります。パンの味、形、膨らみが崩れることを覚悟して、1次発酵の段階で生地を冷やす以外にありません。

LESSON 6 Special ブリオッシュ

❻ フィンガーテストをして生地を分割して休ませる

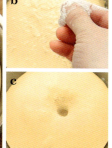

1 生地の表面に打ち粉をし、人差し指にも粉をつけたら、生地の中心をさす（フィンガーテスト）。指を抜き、穴が小さくならなければOK。

Point 16

2 パンマットを敷き、打ち粉をしてボウルから生地を取り出し、手で軽くつぶしてガスを抜く。

Point 17

3 手前からくるくると巻いたら、総量をはかりではかる。パンマットの上に縦長になるように生地を置きなおして、カードで中央に切り込みを入れる。

4 切り口を広げて1本の棒にする。

Point 16

生地に人差し指を入れて、生地の戻り具合を確かめるのが「フィンガーテスト」です。まず、生地の表面に打ち粉（強力粉）をふり人差し指にも粉を薄くつけます。生地に対して垂直に、第二関節あたりまで沈めます。そのまま、まっすぐ上にすっと抜き、このときの状況で判断します。

- できた穴が小さくなって埋まろうとしている→発酵不足
- 少し穴が小さくなるが、そのまま保たれている→ちょうどいい発酵
- 穴をあけると空気が抜けたように生地がしぼむ、気泡ができる→過発酵

と判定ができます。発酵不足の場合は発酵を足せばリカバーできますが、過発酵してしまうと難しくなります。

Point 17
ガス抜きをする理由

一度発生させたガスを抜くのは、発酵でゆるんだ生地に刺激を与えて、グルテンのさらなる形成を促し、網目構造を密にする目的があります。また発酵で発生したアルコールが生地内に充満すると、イーストの活動力が下がります。生地をつぶすとアルコールも逃げるので、イーストのふたたびよく動くようになります。もうひとつは、生地内に発生した気泡をつぶして、小さな気泡にする役割もあります。こうすることできめの細かい生地ができあがります。

Part2 パン作りをはじめましょう

5
3ではかった総量から6等分になるように分割する。
Point 18

Point 18
カードを使って分割する理由

1次発酵後、パンを均等に分割する際、通常はカードを使います。生地を手で引きちぎると、切り口がぐちゃぐちゃになってしまったり、形が乱れてしまいます。すると、せっかく発生したガスが余分に抜けてしまう、グルテンの網目構造が壊れるなど、ボリュームが減ってしまうからです。また、切り口がぐちゃぐちゃになるので、グルテンの網目構造が切れて、そこからもガスが抜け出てしまいます。注意したいのはカードの扱い方。包丁のように、前後に動かすのではなく、上から押し切るようにしましょう。切断面同士がくっついてしまわないように、すぐ離すことも大切です。

6
ひとつずつ生地を丸めなおし、閉じ口をつまむ。
Point 19

Point 19
分割した生地を丸めなおす理由

丸めるというよりも、ガスを抜いて表面をピンと張るための工程です。丸くするのには、どんな形にも成形がしやすくなるという利点があります。分割した生地はベンチタイムを取る必要がありますが、切ったままの形で休ませると、不格好なまま膨らんでしまい、のちのちの成形がしにくくなるのです。例えば、切ったままの生地をバターロールに成形しようとしても、上手く伸ばせないので、結局一度丸めるという工程が必要になります。ならば、最初から丸い形にしてベンチタイムを取るほうが合理的です。

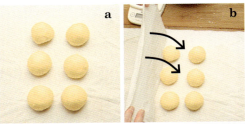

7
パンマットの上に6個並べたらぬれぶきんをかけ、10分間生地を休ませる(ベンチタイム)。
Point 20

Point 20
ベンチタイムのときに生地にかける素材

ラップをかけると、生地に張りつくことがあるため、本書では固くしぼったぬれぶきんをおすすめしています。

LESSON 6 Spécial ブリオッシュ

7 成形する

a

b

1 手で軽くつぶしてガスを抜いたら、丸めなおして生地の裏側をしっかりつまんで閉じる。

手粉

2 手の小指側の側面と生地の右から1/3のところに手粉をふる。
Point 21

Point 21
手粉の量はつけすぎない
手粉は手とパン生地がくっつかないためにつけます。強力粉でOK。量はほんの少しで大丈夫です。あまりつけると粉っぽさがあるパンになってしまいます。

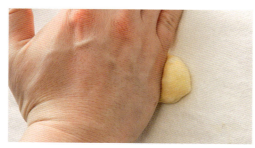

3 閉じ口を左側横になるように倒し、右から1/3のところを手の側面で上からおさえる。

4 手を前後に動かし、ちぎれない程度に区切りをつける。
Point 22

Point 22
力加減に注意する
この作業を頑張りすぎて生地が切れてしまうなんてことも。優しく2〜3回上下に動かせば区切りは自然にできます。

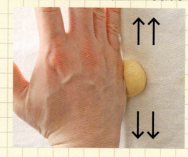

5 小さい丸と大きい丸になるようにくびれを作る。

160

6

生地の小さい丸を持ちあげ、下におろし、大きい丸にグッとおしつけて生地同士をくっつける。

Point 23

Part2　パン作りをはじめましょう

Point 23
裏側の生地まで指を出す

ブリオッシュの成形をアテート（アテッド）といいます。きれいなアテート（アテッド）を作るために、6で生地同士をくっつけたときに写真のように生地の裏側から爪が見えるまでグッと押しつけます。

7

形を整えたらクッキングシートを敷いたプリンカップに入れ、天板にのせる。同様に5個作る。

Point 24

Point 24
カップで見た目の印象が変わる

ブリオッシュ専用の焼き型もありますが、波打ったカップを選べば、焼成後、取り外すと写真のように模様がつくのでかわいいです。取り出すときは、粗熱がとれてからにしましょう。

8　2次発酵させる

オーブンの発酵機能を35℃に設定し、30分（湿度なし）2次発酵させる。

9　仕上げて焼成する

天板を取り出し、オーブンを180℃の予熱に設定し、予熱が完了したら表面に溶き卵を塗り、14分焼く。焼きあがったらクーラーに取り出し、粗熱をとる。

LESSON 6-❷
Special
スペシャルな生地

クロワッサンは、生地とバターの層が何重にもなっていることが特徴。材料と一緒に最初からバターを練り込み、生地を折りたたんで層を作ります。バターを壊さないように、こねる回数もたたく回数も少なめに。

クロワッサン
Croissant

生地の折り方を学んで、バターの風味を上手に残しましょう。
一度生地を折ったら、必ず休ませることが大切です。
バターは必ず事前に12cm角に伸ばしておくように。

材料（8個分）	分量	ベーカーズパーセント
フランスパン専用粉	200g	100
塩	2g	1
砂糖	10g	5
バター（無塩）	10g	5
ドライイースト	5g	2.5
水	118g〜	59〜

折り込みのとき必要な材料	分量	ベーカーズパーセント
折り込みバター（無塩）	80g	40

仕上げの材料	分量
焼成用塗り卵	適量

※フランスパン専用粉は、リスドォルを使用しています。

パン作りの目安

こねあげ温度	22〜25℃
フロアタイム	室温で30分
分割	—
2次発酵	50〜60分（オーブンの発酵 30℃／湿度なし）
焼成	15分（200℃）

下準備
- [ ] 水は25℃に調温する
- [ ] 生地用のバターは室温に戻す
- [ ] 天板にクッキングシートを敷く
- [ ] 焼成用の塗り卵はよく溶きほぐす
- [ ] 折り込みバターを作る

折り込みバターの作り方

①クッキングシートを大きめに切り、12cm角になるように折ったら一旦広げる。少しほぐした冷たいバターをその上にのせる。

②①でつけた折りじわ通りにもう一度折る。

③12cm角のクッキングシートの中全体にバターがいきわたるようにめん棒で伸ばし、冷蔵庫で冷やす。

1 計量する

a

b

c

はかりでひとつずつの材料を正確に計量する。25℃の水（仕込み水）を用意する。

Point 1

Point 1
計量は正確に

1gでも粉の量が変われば、適切な水の量も変わってきます。結果として生地が固くなったり、食感が悪くなってしまう可能性があります。おいしいパンを作るためにも、計量はレシピ通りにきっちりと行いましょう。塩やイーストなどの分量の少ないものはとくに注意が必要です。

LESSON 6 *Special* クロワッサン

2 材料をボウルに入れてまとめる

1
計量した25℃の仕込み水にイーストを入れる。

2
ボウルにフランスパン専用粉、塩、砂糖を入れて手で混ぜたらバターを粉にのせる。
Point 2

3
1のイーストと仕込み水を指で混ぜて2のボウルに入れて混ぜる。

4
全体が混ざったら、ボウルのまわりについた粉を取りながら手でもみ、ひとかたまりになったらボウルから取り出す。
Point 3

5
手やボウルについた生地を取り、4の生地に加えたら作業台の上に伸ばす。

Point 2
ほかの生地と違い、バターを先に入れる理由

クロワッサンには、バターと生地の層を作るため生地を折り込むという工程があります。その折り込む工程でもグルテンが生成されるので食感をよくするため、あまり生地をこねません。また、バターを後入れすると生地をこねすぎてしまうことがあるのでバターを最初から加えて生地を作ります。

Point 3
調整水について

ほかの生地と違い、クロワッサンの生地は固めの配合なので水を足しすぎないようにします。

Part2 パン作りをはじめましょう

6 生地を手元に集め、手についた生地もきれいに取る。再度 **5** のように生地を伸ばしカードで生地を手元に集めるという作業を何度か繰り返し、生地が作業台につかなくなるくらいまで繰り返す。

Point 4

Point 4
生地がベタつく場合

もしかしたら水を入れすぎた可能性があります。この生地は、カードを使って生地をまとめなくてはいけないほど水の量が入りません。もし、まとまらないのだとしたら、水の計量を間違えた、または調整水を入れすぎた可能性があると思います。

3 生地をこねる

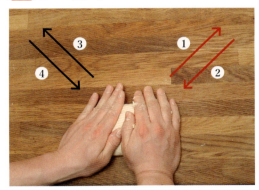

1 手元に生地を置き、自分から見てVの字を描くような作業（右斜め上に生地を伸ばしてこね、手元に戻る。その後、左斜め上に生地を伸ばしてこね、手元に戻る）を繰り返す。

Point 5

Point 5
生地こねの目安は20回

これから生地を作るにあたり、めん棒で何度も伸ばしていくので、Vの字にこねるのは、今までよりもグッと減ります。回数にすると20回程度を目安にしてみましょう。

4 生地をたたきつける

1 生地を広げ利き手の人差し指から小指までを生地の端に引っかける。

Point 6
グルテン膜を見るタイミング

これからめん棒で何度も伸ばす間に形成されますので今の段階では見る必要がありません。

2 ふりあげて作業台の上に生地を軽くたたきつける。

Point 6 **Point 7**

Point 7
たたきつけ方のコツ

この生地は、これからめん棒を何度もかけていく生地なので、ここでしっかりたたいてこねる必要がありません。表面が滑らかになればOKなので、軽く10回ほどたたきつけるくらいでOKです。

LESSON 6 Special クロワッサン

5 生地を丸めて フロアタイムを取る

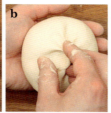

1 生地を丸めなおし、表面に膜がピンと張ったら裏側を閉じる。

2 生地に温度計をさし、温度をはかる（22～25℃であればOK）。
Point 8　Point 9

3 ボウルに生地を入れ、ラップをして室温で30分発酵させる（フロアタイム）。

6 ガス抜きして生地を休ませる

1 ボウルの中でカードを使って生地のガスを抜く。
Point 10

2 作業台の上に置き、手で軽くつぶしてガスを抜いたらめん棒で直径18cmに伸ばす。

Point 8
温度計の必要性

パン作りのなかでも大切なのが、こねあげ温度。パンの種類ごとに適切な温度が決まっています。少しの温度差でもパンの発酵時間が変わってくるので正確にはかるためにも温度計を用意したほうがよいでしょう。

Point 9
目標のこねあげ温度にならなかった場合

こねあげ温度は±0.5℃ほどなら、ずれても大丈夫といわれています。それよりも低い場合は、1次発酵の時間を長くして発酵を促す必要がありますが、せいぜい－5℃が修正の効く範囲です。一方、2℃以上高かった場合は、イーストが活発に動きはじめているので修正が効きにくくなります。パンの味、形、膨らみが崩れることを覚悟して、1次発酵の段階で生地を冷やす以外にありません。

Point 10
カードを使ったガスの抜き方

均一にガスを抜くために、ボウルの縁にカードを使って押しつける感じで生地からガスを抜きましょう。

Part2 パン作りをはじめましょう

3
ぬれぶきんで包んで、ビニール袋に入れて冷蔵庫で20分冷やす。
Point 11　Point 12

Point 11
生地はぬれぶきんで包む
生地は冷蔵庫に入れると乾燥します。乾燥するとパサついたパンになってしまうので、ぬれぶきんで包み、さらにビニール袋の中に入れます。ビニール袋を折って、ぴったりな大きさにしましょう。

Point 12
生地が冷えにくいときの対処の方法
ぬれぶきんで包むと生地が冷えやすくなりますが、夏場や生地が冷えにくいときは冷凍庫に入れましょう。このとき、生地が凍らないように注意しましょう。

7 折り込み生地を作る

1
再度めん棒をあて18cm角に伸ばしたら、生地の上にめん棒をかけてほぐした折り込みバターをのせ、バターを生地で包む。
Point 13

Point 13
バターをすきまなく包むコツ
生地を手で持ちあげてバターが隠れるように上からかぶせます。そのあとに生地と生地を指で押さえて、くっつけます。

2
生地と生地が重なったところをめん棒で軽くおさえて生地同士をくっつける。

Point 14
生地の伸ばし方
はじめに生地とバターを結着させるためにめん棒を等間隔に上からおしあてます。そして少しずつ伸ばしていきましょう。

2
閉じ口を上にしたまま、手粉を生地にふり、めん棒で縦30×横15cmの長方形に伸ばす。
Point 14

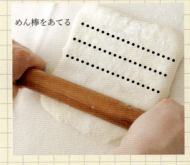
めん棒をあてる

LESSON 6 Special クロワッサン

3
生地の上から1/3を中央に向かって折る。下から1/3も中央に向かって折り、三つ折り（3層）にする。

4
三つ折りにした生地しろの部分をめん棒で上からおさえて生地と生地をくっつける。
Point 15

5
生地をぬれぶきんで包み、ビニール袋に入れて冷蔵庫で20分冷やし、3～5と同じ作業を2回繰り返す。
Point 16

8 折り込み生地を伸ばす

1
打ち粉をし、めん棒で生地を少しずつ伸ばす。
Point 17

Point 15
めん棒で生地を押さえる
上から垂直にめん棒をおろし、生地がはがれてこないようにします。力加減は優しく、思い切りめん棒に力を入れると生地が傷んでしまうので気をつけてください。

Point 16
同じ作業を繰り返して層を作る
生地の中にバターを入れて焼くと、生地と生地の間にあるバターが溶けて層ができます。今回同じ作業を計3回繰り返すので、27層の生地ができあがります。

Point 17
手際よく進めること
クロワッサンは焼く直前まで、バターの層が残っていることが理想です。発酵中、成形中にだらだらしてしまうとバターが溶けてしまう可能性が。そのため、冷たいバターを薄くのばして使います。クロワッサンのサクサクの層を作るには、バターが溶けすぎないことが絶対条件です。手際よく進めることを頭に入れておきましょう。

Part2 パン作りをはじめましょう

2
縦21×横33cmに伸ばす。

⑨ 折り込み生地を切る

1
上下、左右を5mmずつ切り落とす。
Point 18 **Point 19**

2
定規で底辺は8cm間隔、上辺は両端が4cm、残りは8cmのところに印をつけて上下を結び、二等辺三角形になるように跡をつける。
Point 20

Point 18
切れ端もムダにしない
生地を切りそろえたときに出た生地の切れ端は捨てずにプリンカップなどに入れて発酵させ、一緒に焼きましょう。

Point 19
端を落とす理由
クロワッサンを作ったときに端からもきれいな層が見えるようにまわりを5mmずつ切ってしまいます。

Point 20
二等辺三角形を作る
上下にそれぞれ印をつけ、定規で結べば二等辺三角形ができます。切る前に定規で補助線をつけておくとよいでしょう。あくまでも補助線なので生地を切ったりしないようにしましょう。

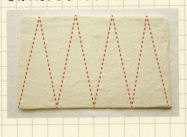

LESSON 6 *Special* クロワッサン

3
2でつけた跡のとおりに生地を切り分ける。
Point 21

🔟 成形して2次発酵させる

1
右手で生地をおさえ、左手を軽くふり、生地を伸ばす。
Point 22

2
最初の2巻きはしっかり巻く。

3
指で力を入れずにすーっと巻いていく。
Point 23

Point 21
カットの道具について

ピザカッターがなければ、包丁などで代用できます。ためらわず、一気に切るほうがきれいに切れます。

Point 22
軽くふる

クロワッサンの成形がしやすいように軽くふって生地を伸ばします。伸ばしすぎても見栄えが悪くなってしまうので気をつけましょう。

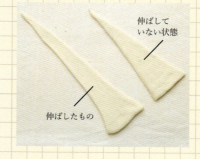

伸ばしていない状態

伸ばしたもの

Point 23
力を入れずにすーっと巻く

最初の2巻きはしっかりめに巻きますが、残りは力を入れず、そのまま一定の力で巻いていくときれいに巻くことができます。力を入れてしまうと右に曲がったり、左に曲がったりしてきれいに巻けません。

Part2 パン作りをはじめましょう

4
左右の端の生地2枚はくっつけて1枚にし、同様に巻く。

Point 24

Point 24
端同士を重ねて1個作る

両端は捨てずに、中心で重ねて二等辺三角形にします。巻いてクロワッサンの形を作りましょう。

5
閉じ口を下にして、クッキングシートを敷いた天板にのせる。同様に6個作る。オーブンの発酵機能を30℃にし、50〜60分（湿度なし）2次発酵させる。

Point 25

Point 25
バランスよく配置する

プリンカップに入れた切り取った生地も天板の上にバランスを見て入れましょう。形こそ、クロワッサンではありませんが焼きあがれば立派なおやつになります。

11 仕上げて焼成する

1
天板を取り出し、オーブンを200℃の予熱に設定する。予熱が完了したら溶き卵を塗り15分焼く。

2
焼きあがったら、クーラーの上に取り出し、粗熱をとる。

デニッシュ 3種
Danish

クロワッサンと同じ作り方ですが、生地の配合と成形が違います。
基本のデニッシュをマスターすれば、チョコやジャム、果物などを
トッピングした菓子パン系デニッシュにもつながります。

LESSON 6-❸
Special
デニッシュ生地

クロワッサンと同じく、バターと生地が交互の層になっています。クロワッサンよりは砂糖、バターの分量が多く、全体的にリッチな配合で作るのがポイント。こね方はクロワッサンと同じで、軽めのこね方です。

下準備
- ☐ 生地用のバターは室温に戻す
- ☐ 水は25℃に調温する
- ☐ 天板にクッキングシートを敷く
- ☐ 焼成用の塗り卵はよく溶きほぐす
- ☐ 折り込みバターを作る
- ☐ カスタードクリームを作る
- ☐ チーズクリームを作る

パン作りの目安

こねあげ温度	22〜25℃
フロアタイム	室温で30分
分割	—
2次発酵	30〜40分（オーブンの発酵30℃／湿度なし）
焼成	13分（190℃）

材料（6個分）

材料	分量	ベーカーズパーセント
フランスパン専用粉	200g	100
塩	2g	1
砂糖	20g	10
バター（無塩）	20g	10
溶き卵	20g	10
ドライイースト	5g	2.5
水	90g〜	45〜

折り込みのとき必要な材料	分量	ベーカーズパーセント
折り込みバター（無塩）	120g	60

※フランスパン専用粉は、リスドォルを使用しています。

成形のときに加える材料

チーズクリーム	分量
クリームチーズ	60g
砂糖	20g
卵	5g

仕上げの材料

仕上げの材料	分量
焼成用塗り卵	適量

カスタードクリーム	分量
牛乳	160g
卵	30g
砂糖	40g
薄力粉	15g
バター	10g
ブランデー	10g

仕上げの材料

［フルーツデニッシュ］	分量
キウイ（半月切り）	4枚
いちご（半分に切ったもの）	2個
ブルーベリー	4粒

［グレープフルーツデニッシュ］	分量
グレープフルーツ	4切れ
ピンクグレープフルーツ	4切れ
スライスパイナップル（角切り）	1枚
チャービル	適量

［ブルーベリーデニッシュ］	分量
ブルーベリー	6粒

折り込みバターの作り方

①クッキングシートを大きめに切り、12cm角になるように折ったら一旦広げる。少しほぐした冷たいバターをその上にのせる。

②①でつけた折りじわ通りにもう一度折る。

③バターが12cm角のクッキングシートの中全体に行き渡るようにめん棒で伸ばし、冷蔵庫で冷やす。

カスタードクリームの作り方

①牛乳を鍋に入れて火にかけ、沸騰しない程度に温める。

②ボウルに卵、砂糖を入れてホイッパーで混ぜ、薄力粉をふるい入れてさらに混ぜる。①の牛乳を3回に分けて加え、ホイッパーでさらに混ぜる。

③鍋に②をこし入れ、弱めの中火にかけて混ぜる。とろみが出て固まって沸騰したら火からおろし、バター、ブランデーを加えてゴムベラで混ぜ、余熱で溶かす。

④溶けたらバットに入れ、薄く伸ばして表面にラップをし、氷水を張ったバットに入れて冷やす。

チーズクリームの作り方

①ボウルに室温に戻したクリームチーズを入れ、やわらかくなるまでゴムベラで練る。

②砂糖を加えて混ぜる。

③卵を加え、まんべんなく混ぜる。

LESSON 6 *Special* デニッシュ3種

1 計量する

はかりでひとつずつの材料を正確に計量する。25℃の水（仕込み水）を用意する。
Point 1

Point 1
計量は正確に
1gでも粉の量が変われば、適切な水の量も変わってきます。結果として生地が固くなったり、食感が悪くなってしまう可能性があります。おいしいパンを作るためにも、計量はレシピ通りにきっちりと行いましょう。塩やイーストなどの分量の少ないものはとくに注意が必要です。

2 材料をボウルに入れてまとめる

1 計量した25℃の仕込み水にイーストを入れる。
Point 2

Point 2
ほかの生地と違い、バターを先に入れる理由
デニッシュには、バターと生地の層を作るため生地を折り込むという工程があります。その折り込む工程でもグルテンが生成されるので食感をよくするため、あまり生地をこねません。また、バターを後入れすると生地をこねすぎてしまうことがあるのでバターを最初から加えて生地を作ります。

2 ボウルにフランスパン専用粉、塩、砂糖を入れて手で混ぜる。中央をくぼませて溶き卵を入れ、バターを粉の上にのせる。

3 1のイーストと仕込み水を指で混ぜて2のボウルに入れて混ぜる。

Point 3
調整水について
ほかの生地と違い、クロワッサンの生地は固めの配合なので水を足しすぎないようにします。

4 全体が混ざったら、ボウルのまわりについた粉を取りながら手でもみ、ひとかたまりになったらボウルから取り出す。
Point 3

5
手やボウルについた生地を取り、**4**の生地に加えたら作業台の上に伸ばす。

6
カードで生地を手元に集め、再度**5**のように生地を伸ばしカードで生地を手元に集めるという作業を何度か繰り返し、生地が作業台につかなくなるくらいまで繰り返す。

Point 4

③ 生地をこねる

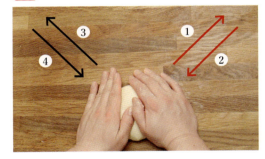

手元に生地を置き、自分から見てVの字を描くような作業（右斜め上に生地を伸ばしてこね、手元に戻る。その後、左斜め上に生地を伸ばしてこね、手元に戻る）を繰り返す。

Point 5

④ 生地をたたきつける

1
生地を広げ利き手の人差し指から小指までを生地の端に引っかける。

2
ふりあげて作業台の上に生地を軽くたたきつける。

Point 6　Point 7

Part2　パン作りをはじめましょう

Point 4
生地がベタつく場合

もしかしたら水を入れすぎた可能性があります。この生地は、カードを使って生地をまとめなくてはいけないほど水の量が入りません。もし、まとまらないのだとしたら、水の計量を間違えた、または調整水を入れすぎた可能性があると思います。

Point 5
生地こねの目安は20回

これから生地を作るにあたり、めん棒で何度も伸ばしていくので、Vの字にこねるのは、今までよりもグッと減ります。回数にすると20回程度を目安にしてみましょう。

Point 6
グルテン膜を見るタイミング

これからめん棒で何度も伸ばす間に形成されますので今の段階では見る必要がありません。

Point 7
たたきつけ方のコツ

この生地は、これからめん棒を何度もかけていく生地なので、ここでしっかりたたいてこねる必要がありません。表面が滑らかになればOKなので、軽く10回ほどたたきつけるくらいでOKです。

LESSON 6 Special デニッシュ3種

5 生地を丸めて フロアタイムを取る

1 生地を丸めなおし、表面に膜がピンと張ったら裏側を閉じる。

2 生地に温度計をさし、温度をはかる（22～25℃であればOK）。
Point 8　Point 9

3 ボウルに生地を入れ、ラップをして室温で30分発酵させる（フロアタイム）。

6 ガス抜きして生地を休ませる

1 ボウルの中でカードを使って生地のガスを抜く。
Point 10

2 作業台の上に置き、手で軽くつぶしガスを抜いたらめん棒で直径18cmに伸ばす。

3 ぬれぶきんで包んで、ビニール袋に入れて冷蔵庫で20分冷やす。
Point 11

Point 8
温度計の必要性

パン作りのなかでも大切なのが、こねあげ温度。パンの種類ごとに適切な温度が決まっています。少しの温度差でもパンの発酵時間が変わってくるので正確にはかるためにも温度計を用意したほうがよいでしょう。

Point 9
目標のこねあげ温度にならなかった場合

こねあげ温度は±0.5℃ほどなら、ずれても大丈夫といわれています。それよりも低い場合は、1次発酵の時間を長くして発酵を促す必要がありますが、せいぜい－5℃が修正の効く範囲です。一方、2℃以上高かった場合は、イーストが活発に動きはじめているので修正が効きにくくなります。パンの味、形、膨らみが崩れることを覚悟して、1次発酵の段階で生地を冷やす以外にありません。

Point 10
カードを使ったガスの抜き方

均一にガスを抜くために、ボウルの縁にカードを使って押しつける感じで生地からガスを抜きましょう。

Point 11
生地はふきんで包む

生地は冷蔵庫に入れると乾燥します。乾燥するとパサついたパンになってしまうので、ふきんで包み、さらにビニール袋の中に入れます。ビニール袋を折って、ぴったりな大きさにしましょう。

7 折り込み生地を作って伸ばす

P.167 7 ～ P.168 8 の折り込み生地を作って伸ばすを参考に折り込み生地を作り、めん棒で縦21×横31cmの長方形に伸ばす。

8 折り込み生地を切る

1 上下、左右を5mmずつ切り落とす。

Point 12

2 縦10×横10cmの正方形が6つできるように定規で跡をつける。

3 生地を2でつけた跡のとおりに包丁で切り分ける。

Point 12
切れ端もムダにしない

生地を切りそろえたときに出た生地の切れ端は捨てずにプリンカップなどに入れて発酵させ、一緒に焼きましょう。

9 成形する

フルーツデニッシュ

 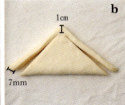

1 生地の輪が手前にくるように三角に折り、先端を1cm残して左右に幅7mmの切り込みを入れる。

2 生地を広げて左側の細く切った部分を持ち上げ、土台の右側にくっつける。同様に右側の細く切った部分を持ち上げ、土台の左側にくっつける。同様にもうひとつ作る。

Point 13

Point 13
手際よく進めること

デニッシュ生地は焼く直前まで、バターの層が残っていることが理想です。発酵中、成形中にだらだらしてしまうとバターが溶けてしまう可能性が。そのため、冷たいバターを薄くのばして使います。デニッシュのサクサクの層を作るためには、バターが溶けすぎないことが絶対条件です。手際よく進めることを頭に入れておきましょう。

LESSON 6 Special デニッシュ3種

グレープフルーツデニッシュ

1 生地の輪が手前にくるように半分に折り、上部を1cm残し、左右に幅7mmの切り込みを入れる。

2 生地を広げて左側の細く切った部分を持ちあげ、土台の右側にくっつける。同様に右側の細く切った部分を持ちあげ、土台の左側にくっつけてドテを作るように形をととのえる。同様にもうひとつ作る。

Point 14

Point 14
器になるように作る
この生地の中にフルーツやクリームが入るので、器になるように作ります。幅1cmほどのものを回転させたりして作るので、切れないようにすること、きちんとくっつけることに十分注意しましょう。

ブルーベリーデニッシュ

1 生地の四隅を中心に向かって折る。

2 フォークで生地の中心に5ヵ所穴をあける。同様にもうひとつ作る。

Point 15

Point 15
同じ種類をたくさん作りたい
6個とも同じデニッシュで作ることも可能です。その場合、デニッシュ生地以外のすべての材料を3倍にしてください。クリームは作りやすい量で表記していますので、まずは同量で作って様子をみてください。

⑩ 2次発酵させる

クッキングシートを敷いた天板の上に生地をのせ、ブルーベリーデニッシュの生地の上にチーズクリームを絞る。発酵機能を30℃に設定し、30～40分（湿度なし）2次発酵させる。

11 仕上げて焼成する

フルーツデニッシュの仕上げ

1
表面に溶き卵を塗り、カスタードクリームを1/4量ずつ絞る。

Point 16

グレープフルーツデニッシュの仕上げ

表面に溶き卵を塗り、カスタードクリームを1/4量ずつ絞ったらパイナップルを半量ずつのせる。

ブルーベリーデニッシュの仕上げ

表面に溶き卵を塗り、ブルーベリーを3粒ずつのせる。

2
オーブンを190℃の予熱に設定し、予熱が完了したら13分焼く。

Point 17

12 飾りつけをする

フルーツデニッシュ

いちごを半量ずつのせたら、キウイ、ブルーベリーを半量ずつのせる。

グレープフルーツデニッシュ

グレープフルーツ2種類を交互にのせ、チャービルを飾る。

ブルーベリーデニッシュ

全体に粉糖（分量外）をかける。

Point 16
溶き卵やクリームの塗り方

溶き卵はツヤを出すために塗るので、生地の外側にだけ塗ればOKです。クリームは2次発酵でパン生地が膨らんでドテができるので、その中に上手に絞り入れましょう。

Point 17
側面の焼き色が薄いとき

天板1枚にのせた場合、生地同士が膨らんで側面の焼き色が薄くなってしまいます。もし、オーブンの天板が2枚ある機種なら2枚に分けて発酵し、焼きあげるといいでしょう。生地同士が重ならず、生地の側面まできれいに焼くことができます。

LESSON 6-④
Special
スペシャルな生地

ベーグルの生地はもちもちした食感と、歯ごたえが大切です。グルテンの出やすい最強力粉をリーン寄りの配合でこねていきましょう。最大の特徴は焼き上げの前にケトリングすること。もちもちの食感を作り出します。

ベーグル
Bagel

ベーグルは、今までのパンとは違ったもちっとした食感が大切。生地はなめらかになればOKなので、こねる回数は少なめです。ケトリングする際に砂糖を入れると、つるっとした表面になります。

材料（4個分）	分量	ベーカーズパーセント
最強力粉	300g	100
塩	6g	2
砂糖	9g	3
ドライイースト	2g	0.6
水	190g〜	63〜

仕上げの材料	分量
ケトリング用の湯	2ℓ
きび砂糖	大さじ1

※最強力粉はスーパーキングを使用しています。

下準備
- □ 水は30℃に調温する
- □ 天板に乾いたふきんを敷く

パン作りの目安

こねあげ温度	26〜28℃
1次発酵	60分（オーブンの発酵30℃で60分）
分割	4等分
ベンチタイム	15分
2次発酵	20分（室温）
ケトリング	表裏計1分ずつゆでる
焼成	14分（200℃）

※1次発酵の発酵温度と時間は、30℃で60分が基本ですが、オーブンに30℃の機能がない場合は35℃で30分に設定し、その後、オーブンのスイッチを切ってオーブンの中で30分発酵させてください。

1 計量する

はかりでひとつずつの材料を正確に計量する。30℃の水（仕込み水）を用意する。
Point 1

Point 1
計量は正確に

1gでも粉の量が変われば、適切な水の量も変わってきます。結果として生地が固くなったり、食感が悪くなってしまう可能性があります。おいしいパンを作るためにも、計量はレシピ通りにきっちりと行いましょう。塩やイーストなどの分量の少ないものはとくに注意が必要です。

2 材料をボウルに入れてまとめる

1
計量した30℃の仕込み水にイーストを入れる。
Point 2

Point 2
仕込み水の温度

こねあげ温度に影響するので、守りましょう。「仕込み水」の温度は5〜40℃の範囲で調整可能とされており、生地の状態や室温、湿度などで適切な温度は変わってきます。適正温度の算出は経験とデータの蓄積が必要になり、本書の仕込み水の温度は室温20〜25℃、湿度50〜70％の環境で設定して算出しています。水はパン生地の材料の中での割合が多く、こねあげ温度にかかわりますので面倒でも温度は守りましょう。

LESSON 6 *Special* ベーグル

2
ボウルに最強力粉、塩、砂糖を入れて手で混ぜる。
Point 3

3
1のイーストと仕込み水を指で混ぜて**2**のボウルに入れて混ぜる。
Point 4

4
全体が混ざったら、ボウルのまわりについた粉を取りながら手でもみ、ひとかたまりになったらボウルから取り出す。
Point 5

※このとき、水が足りず生地がまとまるのがいつもより遅く感じたら小さじ1程度〜の調整水を加えます。

5
カードで手やボウルについた生地を取り、**4**の生地に加えたら作業台の上に伸ばす。
Point 6

Point 3
ボウルに材料を入れる順番

材料を入れる順番にとくに決まりはありません。記載されている材料順に入れていくと入れ忘れなどがないので安心です。

Point 4
水は最後に加える

均一な生地を作るためにあらかじめ水以外の材料（粉もの）を混ぜます。ダマを作らないためにも水を加えたらすぐに混ぜましょう。放っておくと水が均一に行き渡らずダマになってしまいます。

Point 5
調整水について

ほかの生地と違い、ベーグルの生地は固めの配合なので水を足しすぎないようにします。

Point 6
手やボウルなどについた生地はきれいに取る

まだ生地がやわらかい段階では手やボウル、カードにくっつきやすくなっています。それらを適宜、きれいに取り除きましょう。手についた生地は、そのままにしておくと乾燥してしまいます。また、あまり手やカードに生地がくっついてしまうと、生地の総量が変わってしまい、焼き上げたときにボリュームが少なくなる可能性もあります。

Part2 パン作りをはじめましょう

6
カードで生地を手元に集め、手についた生地もきれいに取る。再度 **5** のように生地を伸ばしカードで生地を手元に集めるという作業を何度も繰り返し、生地が作業台につかなくなるくらいまで繰り返す。
Point 7

Point 7
生地がベタつく場合

もしかしたら水を入れすぎた可能性があります。この生地は、カードを使って生地をまとめなくてはいけないほど水の量が入りません。もし、まとまらないのだとしたら、水の計量を間違えた、または調整水を入れすぎた可能性があると思います。

3 生地をこねる

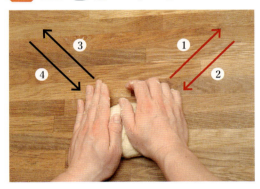

1
手元に生地を置き、自分から見てVの字を描くような作業（右斜め上に生地を伸ばしてこね、手元に戻る。その後、左斜め上に生地を伸ばしてこね、手元に戻る）を繰り返す。

2
生地が作業台の上から離れ、まとまってくるまで繰り返す。
Point 8 Point 9

Point 8
生地こねの目安は 50 回くらい

ベーグルは固い生地なので、Vの字にこねるのは、今までよりもグッと減ります。回数にすると50回程度を目安にしてみましょう。

Point 9
生地に具を入れるときのタイミング

本書で掲載しているレシピで生地の中に具を入れる場合は、この段階で加えます。Vの字にこねる作業を繰り返し、生地全体に具が混ざればOKです。

4 生地をたたきつける

1
生地を広げ利き手の人差し指から小指までを生地の端に引っかける。

183

LESSON 6 *Special* ベーグル

2 ふりあげて作業台の上に生地をたたきつける。
Point 10

3 生地を持ち上げて奥の生地と手で持っている部分を重ねる。重ねた生地の横側を持ち（**b**のマーク部分）、その面を手前に持ちあげたら、ふりあげて作業台の上にたたきつける（**2〜3**までをたたきつけ1回とする）。これを繰り返し、生地をこねあげる。
Point 11

4 グルテン膜ができていたら完成。
Point 12

Point 10
生地は伸ばしてからたたく

生地をたたきやすくするために少し伸ばしましょう。伸ばし方は生地を両手で持ち、左右に揺らして伸ばします。

下から見た図。生地の端に少し余裕を持たせて左右に動かして伸ばす

Point 11
こねあがりの目安時間

本来、生地をこねている時間ではなく、グルテン膜ができているかどうか、生地のハリ感など生地の状態で判断します。ただ、これも経験を積んだ勘に頼るところなので、はじめのうちはたたきつけ100回くらいが目安と思っておきましょう。

Point 12
グルテン膜の見方

中指を人差し指の下に添えて人差し指と中指で生地をのばすようにゆっくり広げます。固ごねの生地なので切れても大丈夫です。（すぐに切れるというよりも伸ばしている間に切れる感じであればOK）。

5 生地を丸めて1次発酵させる

1 生地を丸めなおし、表面に膜がピンと張ったら裏側を閉じる。

Part2 パン作りをはじめましょう

2 生地に温度計をさし、温度をはかる（26〜28℃ならOK）。
Point 13　Point 14

3 ボウルに生地を入れ、ラップをして1次発酵させる。（オーブンの発酵機能を30℃に設定して60分発酵させる）

※お手持ちのオーブンの発酵機能が35℃の場合は30分発酵させ、そのままスイッチを切ってオーブンの中で30分発酵させましょう。

Point 13
温度計の必要性

パン作りのなかでも大切なのが、こねあげ温度。パンの種類ごとに適切な温度が決まっています。少しの温度差でもパンの発酵時間が変わってくるので正確にはかるためにも温度計を用意したほうがよいでしょう。

Point 14
目標のこねあげ温度にならなかった場合

こねあげ温度は±0.5℃ほどなら、ずれても大丈夫といわれています。それよりも低い場合は、1次発酵の時間を長くして発酵を促す必要がありますが、せいぜい－5℃が修正の効く範囲です。一方、2℃以上高かった場合は、イーストが活発に動きはじめているので修正が効きにくくなります。パンの味、形、膨らみが崩れることを覚悟して、1次発酵の段階で生地を冷やす以外にありません。

Point 15
フィンガーテストの正しい方法

生地に人差し指を入れて、生地の戻り具合を確かめるのが「フィンガーテスト」です。まず、生地の表面に打ち粉（強力粉）をふり人差し指にも粉を薄くつけます。生地に対して垂直に、第二関節あたりまで沈めます。そのまま、まっすぐ上にすっと抜き、このときの状況で判断します。
・できた穴が小さくなって埋まろうとしている→発酵不足
・少し穴が小さくなるが、そのまま保たれている→ちょうどいい発酵
・穴をあけると空気が抜けたように生地がしぼむ、気泡ができる→過発酵

と判定ができます。発酵不足の場合は発酵を足せばリカバーできますが、過発酵してしまうと難しくなります。

6 フィンガーテストをして生地を分割して休ませる

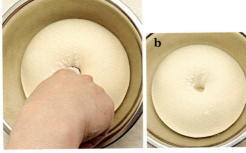

1 生地の表面に打ち粉をし、人差し指にも粉をつけたら、生地の中心をさす（フィンガーテスト）。イーストが少なめなので穴が少し戻ってもOK。
Point 15

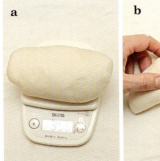

2 パンマットを敷き、打ち粉をしてボウルから生地を取り出し、手で軽くつぶしてガスを抜く。手前からくるくると巻いたら、総量をはかりではかる。パンマットの上に縦長になるように生地を置きなおして、カードで中心に切り込みを入れる。

LESSON 6　*Special*　ベーグル

a

b

3
切り口を広げて1本の棒にする。**2**ではかった総量から4等分になるように分割する。

Point 16　Point 17

4
ひとつずつ生地を丸めなおし、閉じ口をつまむ。

a　b

5
パンマットの上に4個並べたらぬれぶきんをかけ、15分間生地を休ませる（ベンチタイム）。

a

b

Point 16
カードを使って分割する理由

1次発酵後、パンを均等に分割する際、通常はカードを使います。生地を手で引きちぎると、切り口がぐちゃぐちゃになってしまったり、形が乱れてしまいます。すると、せっかく発生したガスが余分に抜けてしまう、グルテンの網目構造が壊れるなど、ボリュームが減ってしまうからです。また、切り口がぐちゃぐちゃになるので、グルテンの網目構造が切れて、そこからもガスが抜け出てしまいます。注意したいのはカードの扱い方。包丁のように、前後に動かすのではなく、上から押し切るようにしましょう。切断面同士がくっついてしまわないように、すぐ離すことも大切です。

Point 17
分割時の注意点

カードを入れる回数はなるべく少なくしましょう。分割後、多いものから生地を切断し、足りないものにくっつけるのはOKです。ただし、最初から細かく切断するのはおすすめしません。それだけ生地を傷めることになり、ガスが抜ける可能性が増えます。できるだけカードを入れる回数は減らすことを心掛けましょう。1g程度の誤差は問題ありませんが、数g以上にはならないようにしましょう。あまりに大きさに差が出ると、焼きあがり時間に差が出てしまいます。

7 成形して2次発酵させる

a

b

1 手で数回つぶしてガスを抜き、平らにする。生地の中心に向かって下半分、上半分の順に折り、くっつける。

a

b

2 さらに半分に折り、しっかりつまんで閉じる。片手で軽く転がして20cmの棒状に伸ばし、片側の端を手でつぶす。

Point 18

a

b

3 つぶした端の生地を伸ばしながら、もう片側の端にかぶせるようにして包む。

Part2 パン作りをはじめましょう

Point 18

ベーグルの上手な閉じ方

内側できれいに止められるかが重要です。ベーグルは棒状に伸ばしたあと、片側を生地止め用としてつぶします。それを生地の裏側に持っていったときに裏側できれいに閉じて指でなじませればきれいにできあがります。

丸くつないだときに生地同士をとめるために片側だけつぶす

丸くつなげたら、内側まで生地を伸ばす

内側でしっかり閉じる。このとき内側を少し表側に出すとやりやすい

人差し指と中指で、止めたところを数回上下に動かし、なじませる

LESSON 6　Special　ベーグル

4
内側でしっかり閉じたら、つなぎ目を指で転がしてなじませる。

5
乾いたふきんを敷いた天板にのせる。同様に3個作る。ぬれぶきんを上からかけて室温で20分2次発酵させる。

Point 19

8 仕上げて焼成する

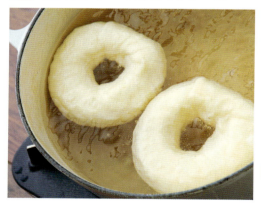

1
オーブンを200℃の予熱に設定する。鍋に湯を沸かしてきび砂糖を入れ、表裏1分ずつゆでたらクッキングシートを敷いた天板に戻す。予熱が完了したら14分焼く。

Point 20

2
焼きあがったら、クーラーの上に取り出し、粗熱をとる。

Point 19
天板に乾いたふきんを敷く理由

生地が天板につかないように乾いたふきんを敷きます。天板にそのままのせたり、クッキングシートにのせて発酵させるとはりつくので注意が必要です。ぬれぶきんを上からかけるのは乾燥防止のためです。

Point 20
ゆでる理由

ベーグルを焼く前にゆでる作業（ケトリング）は生地の表面を固めることが目的です。このとき、お湯に糖質を加えることでパンにツヤが出て表面がシワになりにくくなります。本書ではきび砂糖を使用しましたが、糖質であれば何でもOKです。本書では2ℓの湯に対し、大さじ1のきび砂糖を加えています。

PART 3

もっとパン作りを楽しむために知っておきたいこと

パン教室に来られる生徒さんからの疑問などを集めました。初心者の方はもちろん、ちょっとパンが分かりかけてきた方にも役立つと思います。より、パンを作るのが楽しみになるでしょう。

小麦粉

【 小麦粉 | Flour 】

Q01 小麦粉にはいろいろな種類がありますが、パン作りに最適な粉はどれですか？

A 基本的に強力粉を使いますが、フランスパン専用粉を使う場合もあります

パンは基本的に、強力粉を使って作ります。パンの種類によっては、最強力粉（スーパーキング）、準強力粉（リスドォル）などを使うこともあり、この準強力粉はフランスパン専用粉と呼ぶ場合もあります。バターロールや食パンなど、ふわっとした食感のパンには、強力粉を使います。フランスパンやデニッシュ、クロワッサンなど、パリっとした食感を重要視するものは準強力粉を用いたほうがおいしく仕上がります。準強力粉は、強力粉よりもたんぱく質含有量が少ないため、サクサクした食感に仕上がるのです。それに比べ、最強力粉はたんぱく質の量が多く、食パンや食感を強くしたいパンに使います。作るパンの種類によって粉を選んだほうがいいでしょう。

Q02 国産小麦を使いたいのですが、本書のレシピと同じ分量で作れますか？

A 国産小麦の場合、レシピが変わるので注意が必要です

一般的に、国産小麦は外国産の小麦に比べて、たんぱく質の含有量が少ないとされています。製パン用に売られている国産小麦でも外国産小麦に比べるとグルテンができにくく、ふんわりした食感のパン作りはむずかしくなります。初心者にはあまり向いていないでしょう。国産小麦を使うならば外国産小麦を使うときよりも水の配合量を減らす必要があります。本書では手に入りやすい外国産小麦を用いたレシピを掲載しているため、水分の調整が必要です。

Q03 安かったので、Kg単位で小麦粉を購入してしまいました。小麦粉の上手な保存の仕方を教えてください

A 湿度と寒暖差の少ない、冷暗所に密閉して保存しましょう

小麦粉は密閉した容器に入れて、比較的涼しく、寒暖差と湿気の少ない場所に保存しましょう。また、においを吸い込みやすいので、においの強いもののそばには置かないほうがいいです。冷凍保存してしまうと、室温に置いたときに寒暖差が大きくなりすぎて湿気が出ることもあるので、あまり向いていません。ただし、本来ならば小麦粉は、賞味期限に関わらず1ヶ月程度で使い終わるのが理想です。安いからといって大量買いして長期保存してしまうと、粉の風味がどんどん落ちてしまうので注意しましょう。

Q04 米粉で作りたいのですが、レシピの小麦粉と同じ分量で問題ないでしょうか？

A レシピの分量が異なってくるので、流用はしないほうがいいでしょう

米粉はその名の通り、米を製粉したものです。米粉を使うパン作りは、小麦粉のときと水や粉の分量が違ってくるため、小麦粉用に作られた本書のレシピをそのまま流用しても、うまくできません。米粉でパンを作ると、グルテンの元となるたんぱく質が含まれていないため、グルテンの膜が生地の中に生成されず、パン生地がきれいに膨らみません。もし米粉で作りたいなら、市販のグルテンを加えるか、米粉と小麦粉をブレンドした粉を使うといいでしょう。ただし、本書のレシピとは分量が異なってくるので注意してください。

Q05 お菓子作りのように小麦粉を一度ふるったほうが、よりおいしいパンができますか？

A ふるわなくても、できあがりに差はありません

ふるわなくても問題ありません。小麦粉をふるう目的は、異物を取り除く、粉を均一にしてダマをなく

す、小麦粉の粒と粒の間に空気を入れる、などですが、パン作りの場合はふるわないからといって、お菓子ほど膨らみ方に差は出ません。一般的な小麦粉を使うのであれば、ふるう必要はないでしょう。

Q06 小麦粉の成分は何ですか？

A　主な成分はたんぱく質とでんぷんです

小麦粉の主な成分は、たんぱく質と炭水化物（でんぷん）です。でんぷんが約68％～76％、たんぱく質が約8％～13％で、残りは水分やミネラルです。パン作りやお菓子作りに影響を与えるのはたんぱく質の含有量なので、日本ではたんぱく質量によって小麦粉の種類が分けられています。それが薄力粉、中力粉、準強力粉、強力粉、最強力粉です。

Q07 パンの中で、小麦粉はどんな役割をしていますか？

A　小麦粉から生まれるグルテンでパンは膨らみます

小麦粉に水を加え、よくこねていくと、たんぱく質からグルテンが生成されます。グルテンが上手に作られると生地の繊維が網目状に広がり、やがて薄い膜となります。この膜の中に、発酵の過程で生じる炭酸ガスが閉じ込められるため、パンが膨らむのです。また、炭酸ガスが入っているため、生地はやわらかく弾力があるものになります。なお、網目状に広がったグルテンは、焼くと炭酸ガスを閉じ込めた形のまま固まるため、グルテンがパンの形を維持することにも一役買っています。一方、小麦粉内のでんぷんは、水を吸収してやわらかくなったあと、ある程度水分が蒸発して固まります。これがパンのふわふわ食感の元になります。つまり、小麦粉のおかげでパンは膨らみ、また独特の食感を生み出しているのです。

Q08 グルテンとは、どういうものですか？

A　小麦粉内のたんぱく質の一種が水と結びついてできる物質です

パン生地の弾力を作り出しているのがグルテンです。小麦粉に含まれているグリアジンとグルテニンというたんぱく質が水と結びついてできる、粘りと弾力がある物質です。グルテンの繊維は網目状の構造をしています。生地をこねるほど編目が密になって、粘りと弾力が生まれていきます。網目が密になったグルテンはやがて膜となり、この膜の中に炭酸ガスが溜まって、生地を膨らませる原因となるのです。パンを上手に膨らませるためには、適切な量の水と小麦粉をよく練って、しっかりとしたグルテンを作る必要があります。

Q09 薄力粉ではパンはできないのでしょうか？

A　できなくはないですが、強力粉を使った本書のレシピとは異なります

小麦粉には、薄力粉・中力粉・準強力粉・強力粉の種類があります。薄力粉から強力粉の順に、たんぱく質の含有量が多くなっています。つまり、薄力粉のグルテン（Q08参照）の含有量は少ないわけです。グルテンの含有量が少ないとパンが膨らみにくくなるため、薄力粉はパン作りにはあまり向いていないとされます。なお、薄力粉を使ったパンのレシピもありますが、強力粉とは分量が異なるため、本書のレシピを流用するのはやめておきましょう。

Q10 ライ麦粉、全粒粉は、小麦粉とは何が違うのでしょうか？　本書のレシピの粉をライ麦粉や全粒粉に替えて作っても大丈夫でしょうか？

A　粉それぞれに特徴があるので、レシピの流用は避けましょう

ライ麦粉はライ麦から作られる粉で、グルテンのもとになるたんぱく質をほとんど含んでいません。そのため、グルテンによる網目状の膜はできず、イーストが炭酸ガスを発生させても生地がさほど膨らみません。この生地でパンを作ると、目のつまったどっしりと重たいパンになります。北欧やドイツの伝統的なパンによく見られます。全粒粉とは、小麦の粒を丸ごとひいて粉にしたもので、外皮や胚芽も一緒に粉になっています。ミネラルや食物繊維が増えますが、そのぶん、グルテンが生成されにくくなるので、結果として生地が膨らみにくくなります。また、本書のレシピは強力粉もしくは準強力粉使用を前提にしたものなので、置き換えはおすすめしません。

| 塩 | 砂糖 |

【 塩 | Salt 】

Q11 パンに適した塩があるのでしょうか？

A 一般的な食卓塩を使えば問題ありません

基本的には、スーパーに売っている一般的な食卓塩を使えば問題ありません。注意するとすれば、塩化ナトリウムの含有量です。塩には塩化ナトリウムを主成分として、マグネシウムやカルシウム、カリウムが含まれていますが、そのうちの塩化ナトリウムが90％以上ある塩を選ぶようにしましょう。ただし、調味料として人気の味つき塩や味つき塩こしょうは使えませんので、ご注意ください。

Q12 天然塩や岩塩など、こだわりの塩を使ってもよいでしょうか？

A 使っても問題ありませんが、粒の大きさに注意しましょう

問題ありません。自分の好みで使ってみてもいいでしょう。前述したように塩化ナトリウムの含有量に注意してください。また、天然塩や岩塩には粒が大きいものもあります。塩の粒子が残らないように、細かく砕いてしっかりこねましょう。

Q13 パンの中で、塩はどんな役割をしていますか？

A イーストの急激な発酵作用を抑える役割があります

「塩パン」でもない限り、パンを食べる際に塩味を意識することは少ないですが、塩はパンの味を左右する重要な味つけです。塩を加えることで砂糖の甘さが引き立ち、パンのほのかな甘味をより感じられるようになります。また、塩はイーストの発酵作用を抑えるため、急激な発酵を防いでくれます。あまりに短時間で発酵すると風味のないパンになってしまうため、塩の役割は重要です。そして、もっとも重要な役割が生地のもちもち感を出すこと。ミキシングの際、塩がグルテンに作用してひきしめるので粘りと弾力を強めてくれるのです。

Q14 計量で失敗して塩を多めに入れてしまいました。膨らみ方に影響はあるのでしょうか？

A イーストの働きに影響が出る可能性があります

先にも述べたように、塩にはイーストの働きを抑制する効果があります。塩を多く入れてしまうと、イースト菌がうまく働かず、膨らみが足りなくなる可能性はあります。きっちりと計量して、正しい量の塩を入れるようにしましょう。

【 砂糖 | Sugar 】

Q15 パンにとって、砂糖はどんな役割をしていますか？

A イーストの栄養源や、パンの色づけとなります

砂糖はパンに甘味をつける役割があります。また、イーストは糖分を糧に発酵するので、その栄養源にもなります。さらに、パンのこんがりした焼き色も砂糖のおかげです。パンの材料に含まれているたんぱく質、アミノ酸、糖を一緒に加熱すると茶色の焼き色がつきます。これがパンの色なのです。砂糖が多いほど、この焼き色はつきやすくなります。そのほか、砂糖のもつ保水性（水を吸着して保持する性質）のおかげで、焼き上げても水分がすべて蒸発せずに、しっとり感が残るのです。同時に、パン生地内のでんぷんの構造に入りこんだ砂糖が水を保持してくれるため、でんぷんのやわらかさ、ゆるさが維持されるので、時間が経ってもパンが固くなりにくくなります。

Q16 いろんな砂糖の種類がありますが、どの砂糖が一番適していますか？

A 日本で作る場合は、上白糖で問題ありません

欧州ではグラニュー糖が一般的なので、パン作りにはグラニュー糖が一番いいといわれていますが、手に入りやすい上白糖でもまったく問題ありません。

Part3　もっとパン作りを楽しむために知っておきたいこと

| 砂糖 | バター |

Q17 我が家では、砂糖はブラウンシュガーしか使っていません。ブラウンシュガーを使用する場合、本書レシピの上白糖と同量で大丈夫ですか？　注意する点はありますか？

A 成分に差はないので、同量使って問題ありません

ブラウンシュガーはサトウキビから絞った汁をそのまま精製した砂糖のことですが、日本では白くない砂糖のことをすべて「ブラウンシュガー」と呼ぶ傾向があります。上白糖と成分はなんら変わらないため、そのままの分量で差し替えて問題ありません。ただし、砂糖の茶色味がパン生地に反映されるため、上白糖よりも茶色っぽい生地ができあがります。

Q18 少し甘く感じたときは砂糖の量を減らしても大丈夫でしょうか？

A 可能ですが、あまりに減らすとイーストが動きにくくなります

多少ならば問題はありません。ベーカーズパーセントでいえば、砂糖の約5％がイーストの発酵に使われるものなので、それ以下にしてしまうと発酵がうまく進まなくなる可能性があります。また、極端に砂糖を少なくすると、焼き色がつきにくくなったり、パンがすぐに硬くなったりする懸念もあります。生地自体もどっしりと重ためになります。何度か焼いてみて、自分の好きな甘さと、焼き色ややわらかさなどの上手なバランスを見つけましょう。

Q19 もう少し甘くしたいときは砂糖の量を増やしても大丈夫でしょうか？　また、どの程度増やせばいいでしょうか？

A 可能ですが、パンの種類が異なってしまうことも

菓子パンの生地なら砂糖20％という配合もありますので、そこまでは甘くできるといえます。ただ、そうなるとレシピ通りにバターロールや食パンを作るというよりは、まったく違ったパンを作るといえるでしょう。また、砂糖を多く加えた生地を作る場合は、高糖生地用ドライイーストが必須なうえに、発酵時間が長くかかったり、焦げやすくなったりする点にも注意が必要です。

【　バター　| Butter　】

Q20 なぜマーガリンではなくバターを使うのですか？

A バター独特のミルク風味を活かすためです

本書ではバター独特のミルクフレーバーを活かした生地を作るために、バターを使っていますが、バターをマーガリンに置き換えても問題はありません。なお、バターを使う際には、有塩と無塩バターどちらかであれば無塩のほうがおすすめです。有塩バターでもパン生地は作れますが、塩の含有量は2％ほどが理想なので、バターに入っている塩のぶん、材料の塩を減らしたほうがいいでしょう。

Q21 入れるものは、ショートニングやマーガリンでもOKですか？

A OKです。それぞれに特徴があります

ショートニング、マーガリンでもOKです。バターを使うと香ばしさが生まれ、ショートニングだとサクッと歯切れのよい生地になります。マーガリンは生地に練り込みやすく、水分量が多いぶん、生地がしっとりするという利点があります。

Q22 パンにとって、バターはどんな役割をしていますか？

A 生地の伸びがよくなり、ボリュームが出ます

バター（油脂）を入れることで、パンの生地の伸びがよくなり、ボリュームのあるパンに仕上がります。また、生地のキメが細かくなり、パンのコクも深くなります。油脂によるコーティング作用が水分の蒸発を防げるので、焼きあがったパンが固くなるのを防ぐ効果もあります。

| バター | 卵 |

Q23 なぜバターを使う前に、室温に戻すのでしょうか？

A 適度にやわらかくし、生地に混ざりやすくするためです

バターは基本的に冷凍・冷蔵しているものです。冷え固まっているので、そのままでは上手に生地に混ざりません。あらかじめ冷蔵庫から出して、常温でバターの温度を上げておく必要があります。戻しの目安は、軽く力を入れてバターを指で押したとき、指が少し入っていく程度です。押しても形が崩れないのは固すぎ、力を入れないのに崩れる場合はやわらかすぎです。固い場合は戻す時間を長くすればよいですが、溶けすぎてしまったバターは使えません。ミキシングの際、生地と混ぜにくくなってしまうからです。

Q24 室温に戻すのを忘れたので、冷凍保存のバターをレンジで溶かしました。溶かしたバターを使っても問題ないですか？

A 液状のバターは生地と混ざりにくいです

前述したように、液状になったバターは生地と混ざりにくくなってしまいます。通常、バターを加えるタイミングは、小麦粉・水・砂糖・塩を一度こねて適度に弾力がある生地になったときです。液状のバターだと、生地の弾力性に弾かれてしまい、うまく混ざらなくなります。また、バターから分離した水分も、生地に悪影響を及ぼします。

Q25 バターを溶かしすぎてしまいました。もう一度冷やし固めて使っても大丈夫でしょうか？

A 質感が変わってしまうのでおすすめできません

溶けたバターは冷蔵庫に入れれば再度固まりますが、ざらざらした質感になってしまいます。溶けやすくなっているので、すぐに液状化してしまい、結果として生地にうまく混ざらない可能性があります。再度冷やし固めたバターを使うのはおすすめしません。

Q26 高いブランドバターや発酵バターを使用すれば、おいしいパンは作りやすいですか？

A バターの風味や香りで、パンの仕上がりも異なります

バターは種類が豊富で、風味や香りも幅広くそろっています。どのバターを使うかで、パンの風味が変わる場合も。どのバターを使うかは、値段というよりは風味や香りの好みで選んだほうがいいでしょう。ブランドバターのほとんどは有塩なので、生地作りの際には塩の分量に注意してください。また発酵バターを用いることも可能です。レシピのバターの分量を、そのまま発酵バターに差し替えれば問題ありません。一般的には、普通のバターよりも発酵バターのほうが風味が増すといわれています。

【 卵 | Egg 】

Q27 なぜ全卵と卵黄を使い分けるのですか？

A 白身と黄身を分けるという手間を省くためです

実をいうと、パン作りで重要なのは卵黄のほうです。卵黄は1/3が脂質で、本来ならば水と混ざりにくいのですが、含有する「レシチン」という成分が乳化剤の役割を果たすため、生地になじみやすくなっています。この卵黄が、パンの生地の色ややわらかな食感を生み出しています。卵白も生地を膨らみやすくする効果はありますが、味や食感にさほどの影響は与えません。しかしデメリットもないので、わざわざ卵黄と卵白に卵を分けるという手間をかける必要もないだろうと考えられて、全卵が使われているのです。

Q28 卵黄だけで作れば、濃厚なパンに仕上がりますか？

A ソフトな食感になりますが、使いすぎに注意

Part3　もっとパン作りを楽しむために知っておきたいこと

| 卵 | イースト |

濃厚というよりは、ソフトな食感に仕上がります。しかし、大量に卵黄を使うと、生地がベタベタした感じになり、できあがりもフニャフニャしたコシのないものになります。また、ブリオッシュのように、もともと卵とバターをとくに多く使うレシピの場合は、卵黄だけだと重たい生地になってしまうことも。卵黄＋全卵を使ったほうがサクッと歯切れのよい食感にできあがります。

Q29 溶き卵はどのくらい溶けばいいですか？ 白身と黄身がうまく混ざりませんが、上手に混ぜる方法はありますか？

A　フォークで切るように混ぜると楽です

卵黄と卵白がきれいに混ざる程度まで溶けばOKです。菜箸でかき混ぜるよりは、フォークで持ちあげたり、切るようにして混ぜると、きれいに卵黄と卵白が混ざります。

Q30 高級卵を使用したほうがよいですか？

A　高級卵を使っても、あまり差は出ません

味の濃厚な高級卵を入れれば、それだけ卵の風味を感じるようにはなりますが、普通の卵を使った場合とできあがりに大きな差はありません。

Q31 卵があまるのがもったいないので、生地に全部入れてしまってはダメですか？

A　パンの風味を損なうので、あまりおすすめしません

卵を多めに入れてもパンはできあがりますが、卵の風味が強すぎたり、生地がやわらかくなってしまう可能性が高く、本書のレシピ通りのパンとは違ってきます。卵を多く使ったうえでレシピ通りのパンが作りたいなら、まずレシピの材料それぞれのベーカーズパーセントを算出してみましょう。使いたい卵の量とベーカーズパーセントをあわせ、それ以外の材料もベーカーズパーセントにあわせて増やしていけば、レシピと同じパンができあがります。

Q32 パンにとって、卵はどんな役割をしますか？

A　濃厚さが増し、クラムがふんわり仕上がります

卵を入れることで、パンに濃厚な風味がつく、クラム（中身）がふんわりとボリュームある仕上がりになる、焼きあがったパンを固くなりにくくする、などの効果が生まれます。また、卵黄の黄色がパンの色につながります。

Q33 卵アレルギーの家族がいるので、卵抜きのパンが作りたいです。本書レシピの卵を抜いて作っても、うまくできるでしょうか？

A　卵の7割の水を加えれば生地はできますが、味は変わります

卵を使わないパンも多く存在しますが、本書レシピはあくまでも〝卵を使っておいしくパンを作るレシピ〟です。卵を抜いてしまうと、レシピ通りに生地が膨らまなかったり、予想と違う味になってしまう可能性も。卵を使わないパンのレシピを探しましょう。ちなみに本書でもドッグロール、食パン、フランスパン、ベーグルのレシピは卵を使用していません。

【　イースト | Yeast　】

Q34 そもそもイーストとは何ですか？

A　酵母の一種で、パンを発酵させるものをそう呼びます

イーストとは、英語で「酵母」を意味しています。酵母は生物界に存在する単細胞微生物で、キノコやカビと同じく「菌類」に属している生き物です。自然界には数多くの種類の酵母がいますが、一般的には発酵食品を作るために必要な菌の総称として「酵母」という名称が知られています。酵母は、適した温度、pHの元で活発に活動します。酸素の少ない場所ではエネルギーを得るためにアルコール発酵を行い、炭酸ガスとアルコールを生み出します。これ

| イースト |

が発酵のシステムです。その酵母の中で、パンの発酵に適したものを抜粋して純粋培養したもの、その単一種をさして日本では「イースト」と呼んでいます。

Q35 パンの中で、イーストはどんな役割をしていますか？

A 炭酸ガスを発生させて、パンを膨らませてくれます

イーストは糖を栄養にして、アルコール発酵を行い、炭酸ガスを発生させます。これがグルテンの膜の中に入りこんで、パンは膨らんでいきます。パンを膨らませるためにはイーストは不可欠な存在です。またアルコール発酵で発生したアルコールは、生地の伸びをよくしたり、パンの風味づけとなっています。

Q36 イーストは何種類あるのでしょうか？ それぞれの特徴が知りたいです

A 生イースト、ドライイースト、インスタントドライイーストの3種類です

市販されているイーストは、生イースト、ドライイースト、インスタントドライイーストの3種類になります。生イーストは生きている酵母を洗浄・脱水し、かたまり状に圧縮したものです。水分量70％近くと水分が多いのが特徴で、冷蔵で流通しています。使用する際は、水に溶いて使います。ドライイーストは、生イーストの保存性を高めるために水分量を少なくしたもので、水分量が7〜8％になっています。低温乾燥させた酵母を粒状にしていて、常温流通できるのが特徴です。使用するときには、使用量の10倍程度の40℃の砂糖水に10〜15分ほどつける「予備発酵」が必要になります。一方、インスタントドライイーストは、ドライイーストよりもさらに細かく、顆粒状にしたものです。予備発酵がいらないので、水や小麦粉や塩、砂糖などの材料と一緒に混ぜて使うことができて、とても便利です。水分量は4〜5％で、常温流通しています。パンによってイーストを変える場合もありますが、本書では予備発酵を必要としないため、初心者にも扱いやすいインスタントドライイーストを使っています。

Q37 本書のレシピで使用されているイースト以外のイーストを使いたい場合は、同量で作れますか？

A ドライより生イーストのほうが量を必要とします

レシピに書かれているイースト以外で作りたい場合は、以下の割合を参考にしてください。

> 生イースト：ドライイースト：インスタントドライイースト＝10：5：4

この割合にすると、どのイーストを使っても同程度の発酵力が得られます。うまく膨らまない場合は、量を微調整していきますが、初心者にはあまりおすすめしません。レシピ通りのインスタントドライイーストが一番便利でしょう。

Q38 どのイーストが一番おすすめですか？

A 初心者でも扱いやすいインスタントドライイーストがおすすめです

生イースト、ドライイースト、インスタントドライイーストそれぞれに特徴がありますが、初心者はインスタントドライイーストが一番扱いやすいと思います。スーパーで手に入りやすい「カメリヤ インスタントドライイースト」「サフ インスタントドライイースト」で問題ないでしょう。

Q39 パン作りを極めるなら「天然酵母」がいいといわれました。イーストと比べて、何が違うのでしょうか？

A 複数種類の酵母が入っているので、味が奥深いです

天然酵母は、果実や穀物などの素材に自然付着している酵母です。これを培養液で増殖させて、素材と培養液ごと粉にこねたものを天然酵母種といいます。天然酵母の最大の特徴は、複数種類の酵母が入っていること。また、果実や穀物が発生させた有機酸も一緒に含まれているため、複雑な風味、香りになっています。この点は単一種類の酵母からできているイーストとは大きく違っています。もとの素材によっ

て風味が変わるのもおもしろい点です。そのため、天然酵母で作るパンも、いろんな味わいを感じられる奥深い風味となります。ただし、天然酵母は発酵力が弱いので、発酵時間が長くかかると覚えておきましょう。パン作りの初心者がいきなり手を出すと失敗する確率が高いので、まずはインスタントドライイーストでのパン作りをおすすめします。

Q40　イーストの量を増やせば、パンも膨らみやすくなりますか？

A　パンは膨らみやすくなりますが、過発酵になりやすいです

イーストの役割は発酵して、炭酸ガスを出すことにあります。イーストを増やすと炭酸ガスの量は増えますから、確かにパンは膨らみやすくなりますが、発酵自体も早く進んでしまうので、レシピ通りの時間で作ると過発酵になってしまいがち。結果として、風味が落ちます。また、イースト独特のにおいが強くなってしまったり、生地のキメが粗くなったりして、おいしいパンからは遠ざかる可能性が。レシピの分量を守ったほうが、よりおいしいパンに近づけます。

Q41　インスタントドライイーストは塩と離し、砂糖に近い場所に置くとよいと聞きましたがなぜですか？

A　イーストの発酵に影響があるといわれているからです

イーストは砂糖をエネルギーにして発酵活動を行うため、砂糖の近くに置くと発酵が進みやすいからです。また、反対に塩分はイーストの活動を抑制させる効果があるから、近くに置かないほうがいいといわれています。しかし、水を加えて材料をすべて混ぜてしまえば結局は同じなので、あまり気にする必要はありません。本書の作り方では、先にイーストと仕込み水を一緒に混ぜてしまうので塩の位置も砂糖の位置も意識しないで作っています。

Q42　イーストの上手な保存方法を教えてください

A　ドライイーストは密閉して、冷蔵保存します

生イーストは生きている菌のかたまりなので、温度が上がると活動をはじめてしまいます。5℃以下になるように冷蔵保存しておきましょう。一度封を切ったものは、乾燥しないように紙で包んで、ジップロックなどの密閉袋に保存すると便利です。冷凍保存は菌が死んでしまうので厳禁です。未開封のドライイースト、インスタントドライイーストは常温保存も可能ですが、冷暗所に置くようにしましょう。湿気を吸着しやすいので高湿度の場所はNG。封を開けた場合は、袋口を折り曲げてテープなどで密封し、パッケージごとジップロックなどに入れて冷蔵すると楽です。ドライイースト、インスタントドライイーストは冷凍保存も可能です。

Q43　開封後はなるべく早く使い切ったほうがよいのでしょうか？

A　生イーストはなるべく早めに使い切りましょう

生イーストは生きている菌なので、なるべく早く使い切ったほうが発酵力が落ちません。ドライイースト、インスタントドライイーストは冷凍すれば発酵力が数年もつといわれていますが、おいしいパンを作りたいのなら、賞味期限内に使い切ったほうがいいでしょう。

Q44　パンの種類によって、イーストの使い分けは必要なのでしょうか？

A　生地に砂糖が多く含まれるかどうかで、使うイーストが違います

パン屋さんでは、短時間発酵（全行程が3時間以下）のパンや、砂糖が多く配合されるソフトなパンには生イーストを使います。生イーストは発酵のピークに達するまでに時間が短いので、短時間で発酵させるパンに向いているのです。反対に、フランスパンなどのハード系のパンにはドライイーストがよいとされます。砂糖を多く加えた配合でドライイーストを使うと、発酵力が落ちるからです。インスタントドライイーストもハード系のパンに向いていますが、高糖生地用のイーストを使えば、砂糖を多く含んだ菓子パンなどにも使えます。家庭ではインスタントドライイーストで十分です。

| イースト | 水 |

Q45 高糖生地用インスタントドライイーストは、どのようなパンに使えばいいのでしょうか？

A 砂糖の配合量が、小麦粉に対して12%以上の生地に使えます

砂糖の配合量が、小麦粉に対して12%以上の生地で作るパンに対して使えます。通常、イーストは糖をエネルギーにして発酵を行いますが、あまりに砂糖が多い環境だと、浸透圧の問題でイーストの水分が流出し、イースト菌自体が収縮してしまいます。結果、発酵がうまくいかない可能性が高くなります。しかし、高糖生地用インスタントドライイーストは、浸透圧に対して耐性がある酵母でできているので、砂糖の多い環境でもイーストは収縮せず、発酵がうまく進みます。

Q46 高糖生地用ドライイーストがどうしてもあまってしまいます。低糖生地に使用しても大丈夫でしょうか？

A 高糖用の酵素がうまく働かないため、NGです

低糖生地用のインスタントドライイーストは、多少なら砂糖が入った生地に使っても問題はありません。砂糖の量が小麦粉の10%以上になるようならば、高糖生地用を使ったほうがおいしく仕上がります。逆に、高糖生地用ドライイーストを通常の生地で使うと、高糖用に調整された酵素がうまく働かないため発酵がうまく進まなくなります。あまったからといって、低糖用の生地に高糖生地用ドライイーストを使うのはやめておきましょう。

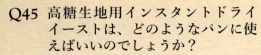

【 水 | Water 】

Q47 水道水よりもミネラルウォーターを使ったほうがおいしいパンができますか？ その場合、軟水と硬水のどちらを使えばよいのでしょうか？

A 水道水でもミネラルウォーターでも、できあがりに差はありません

日本の場合は、水道水で十分おいしいパンは作れます。ミネラルウォーターを使っても問題はありませんが、水道水のものとおいしさに違いはありません。ミネラルウォーターを使う場合は、硬めの水を選んだほうがいいでしょう。パン作りにもっとも適しているといわれるのは、硬度100mg/ℓ程度の水です。水がやわらかすぎるとグルテンもやわらかくなってしまい、ベタベタした生地になってしまいます。反対に、水が硬すぎるとグルテンも強くなりすぎてしまい、生地が硬くなって生地切れが起こりやすくなります。

Q48 水道水を使った場合、地域によってパンのできあがりに差はできますか？

A 大きな差はでないといえます

日本であれば、どの地方の水道水を使っても大きな差はでません。大切なのは、小麦粉に対しての水分量なので、計量さえ間違わなければ問題ないでしょう。

Q49 アルカリイオン水はパン作りに使えますか？

A 生地がアルカリ性になると、イーストの動きが鈍くなります

パンの生地は通常、生地をこねてから焼きあがるまで、弱酸性に保たれています。材料のほとんどが弱酸性であること、発酵で炭酸ガスが発生することなどから、自然に弱酸性になるからです。そしてこの弱酸性が、イーストがもっとも働く環境になります。アルカリイオン水を使ってしまうと、生地のpHが弱アルカリ性に傾いてしまい、結果としてイーストの働きが悪くなってしまいます。日本の水道水は中性なので、パン作りに使っても問題ありません。

Q50 水はパンの中でどんな役割をしていますか？

A 小麦粉内のたんぱく質、でんぷんに働きかけます

水はパン作りには不可欠の素材です。小麦粉内のたんぱく質は、水と小麦粉を混ぜてこねることでグルテン

Part3 もっとパン作りを楽しむために知っておきたいこと

| 水 | スキムミルク | フィリング |

を生成します。また、同じく小麦粉内のでんぷんは、水と一緒に加熱することでやわらかくなります。

Q51 パンに一番適した水は何ですか？

A やや硬めの水がもっともパン作りに適しています

先に述べたように、日本の場合は水道水で何ら問題はありませんが、もっとも適した水を挙げるならば、硬度100mg/ℓ程度の〝やや硬めの水〟です。もともとパンは欧州で生まれたもの。欧州の水はほとんどが硬水なので、パンは硬水でうまく作れるようになっているのです。ただし、いわゆる180mg/ℓ以上の超硬水を使ってしまうと、パン生地が切れやすくなったり、できあがりもバリバリした食感になったりするので注意しましょう。

【 スキムミルク | Skimmilk 】

Q52 パンにとって、スキムミルクはどんな役割をしていますか？

A ミルクの風味づけ、焼き色をつける役割があります

スキムミルクとは脱脂粉乳のこと。牛乳から脂肪分を抜き、水分を飛ばして粉状にしたものです。パン作りに使う場合は、ミルクの風味づけ、パンの焼き色をよくする、クラムを白く仕上げるなどの役割があります。パンを食べてはっきりミルクの味が感じられるようにするには、粉に対してスキムミルク7～8％が必要とされています。

Q53 牛乳を使う場合とスキムミルクを使う場合がありますが、使い分ける理由はなぜですか？

A 安価で手に入るため、スキムミルクが使われます

スキムミルクを使う一番の理由は、価格です。牛乳よりも安価で手に入るうえに、粉状であるがゆえに長く保存できるからです。また、脂肪分が抜けているのでカロリーが低く、カルシウムやたんぱく質が多く含まれているという利点もあります。牛乳とスキムミルクのどちらを使ってもいいのですが、ミルク風味を強く出したいときはスキムミルクがおすすめです。スキムミルクのほうが生地作りに影響のない範囲で牛乳よりも多く入れられるため、風味が出やすいからです。

Q54 スキムミルクがない場合、牛乳を使用しても大丈夫でしょうか？ その場合、どのくらいの量を入れたらよいのでしょうか？

A スキムミルクに対して10倍量の牛乳が必要です

一般家庭ではスキムミルクよりも牛乳のほうが常備してある可能性が高いでしょう。スキムミルクは牛乳に置き換えても問題ありません。スキムミルクを牛乳に置き換える場合は、10倍量が妥当と考えてください。牛乳には約10％の固形分（たんぱく質、炭水化物、ミネラルなど）が含まれていて、これがスキムミルクに相当するのです。牛乳を増やした分、水を減らすようにします。牛乳の90％を水分量として換算しましょう。

【 フィリング | Filling 】

Q55 ナッツはローストしたほうがいいのでしょうか？ 時間がないときはしなくても大丈夫ですか？

A ローストしたほうが香ばしさが出ます

ナッツは生では食べられないので、必ず火に通す必要があります。生地に入れる前にあえてローストするのは、より香ばしさを出すためです。160℃10分を目安に火にかけ、あとは火を消して余熱でローストしていきます。とても焦げやすいので注意しましょう。生地に混ぜたあとに焼きあげるので、事前にローストしなくても生のままにはなりませんが、香ばしさに欠けたり、生っぽさが残ったりする場合があります。

| フィリング |

Q56 レーズンを一度下洗いをするのはどうしてですか？ しなくても平気ですか？

A 生地から水分を吸い取るのを防ぐためです

レーズン＝干しぶどうですから、いわゆる乾物です。乾燥したまま生地に入れてしまうと、生地の水分を吸い取ってしまいます。結果、パサパサしたパンができあがることに。それを防ぐために、ぬるま湯でさっと洗って、あらかじめレーズンに水を吸わせておくのです。また、こうすることで、レーズンに付着している砂や異物を取り除く効果もあります。

Q57 ナッツやドライフルーツ類を本書レシピよりも多く入れたいです。大丈夫でしょうか？

A 過剰に入れると、パンのおいしさが半減します

理論上では、ナッツやドライフルーツ類は粉と同等まで入れられますが、そこまで入れてしまうと重たい生地になってしまい、パンのおいしさが半減してしまいます。多少の増減は問題ありませんが、過剰に入れるのはやめておきましょう。

Q58 塩分が入ったおつまみ用ナッツを使用しても大丈夫ですか？

A 生地がしょっぱくなる可能性が高いです

使えなくはありませんが、塩分が強くなるので、生地がしょっぱくなります。あまり塩分が強くなるとイーストの働きが悪くなる可能性が高いです。あえて使う必要はないでしょう。

Q59 オレンジピールを上手に生地に練り込む方法を教えてください。

A 練り込むよりはトッピングで使いましょう

オレンジピールは簡単にいえば、柑橘類の皮の砂糖づけです。生地に練り込むと砂糖の割合が強くなりすぎてイーストに多量に影響を及ぼすことも。発酵時間が長くかかったり、通常のインスタントドライイーストでは発酵しない可能性もあります。初心者には少しハードルの高い素材です。生地に巻き込んだりオレンジピールを使う場合は、生地に練り込むよりはトッピングなどのアクセントで使ったほうが失敗しないでしょう。

Q60 ナッツやドライフルーツを加えると生地が固くなりますか？

A 生地の水分を吸うので、若干は固くなります

レーズンと同様、ナッツやドライフルーツも乾燥しているので、生地に混ぜると水分を多少は吸収します。一気に固くなったりはしませんが、少しずつ生地の水分は失われ、引き締まった固めの生地になります。固めの生地にしたくない場合は水分量の調整が必要になりますが、具材によって乾燥度合いは変わってくるので、何度か焼きあげて、できあがりを見てから調整するといいでしょう。こねあげに時間がかかるとそれだけ水分が失われるので、手早くこねあげることも大切です。

Q61 ナッツの上手な砕き方を教えてください

A 包丁で細かく刻むのが一番きれいです

包丁で細かく刻むのが一番きれいですが、手間がかかると感じるなら、ビニール袋などに入れて、その上からめん棒でたたく方法もあります。周囲にナッツが飛び散らないのでラクです。ただ、粒の大きさがバラバラになってしまいがちなので、粒をそろえたいなら包丁やペンチで砕くほうがいいでしょう。

パン作りの環境
Environment

Q62 パン作りに適した環境はありますか？

A 温度と湿度を整えておきましょう

重要なのは室温と湿度です。パン生地を作るのに適した室温は20〜25℃、湿度が50〜70%とされています。多少はずれても、生地が乾燥していないか、べたついていないかを確認しながら作業できますが、なるべくなら整えていたほうがいいでしょう。なお、レシピで「室温に戻す」などの表現が出てくる際には、25℃前後を想定しています。

Q63 パン作りに必要な作業スペースは、どのくらいの広さでしょうか？

A 50cm四方のスペースが必要になります

手ごねでパンを作るならば、50cm四方のスペースがあれば十分です。このスペースで生地を広げてこねるので、器や器具などを置かないようにします。

道具
Tool

Q64 作業台の素材は何が一番おすすめですか？

A 清潔であれば、どんな素材でも問題ありません

木製でもプラスチックでも、メラミンで作られたキッチンの一角を使うのでも、清潔であれば問題はありません。大理石がいいといわれていますがその理由は、大理石がひんやりと冷たいため、生地の温度が上がりにくくなるからです。また木の台はプラスチックなどに比べて、生地がくっつきにくいという利点もあります。カードで生地を集める際に、作業台には多少のキズがつくことも。キズがついても大丈夫な素材を選びましょう。

Q65 オーブンの発酵機能を使うと、生地が乾燥したように感じます。どうしたらいいですか？

A オーブン内に湿度を保つよう、工夫しましょう

オーブンの機種によって発酵機能が異なります。蒸気を出して湿度を保ちながら発酵させる機種もあれば、そういった機能がないものも。後者を使っていて、生地が乾燥したと思ったら、オーブン内が乾燥している可能性が高いです。熱いお湯を入れたコップや器などをオーブン内に置く、生地を入れる前にオーブン内を霧吹きで湿らせておくなどの方法で、オーブン内の湿度を上げましょう。簡単なのは70℃くらいの湯を入れた器を置くことです。

Q66 オーブンが古いせいか、予熱に時間がかかります。予熱をしている間に生地の発酵が進んで、過発酵になっているのではないかと思っています。どうしたらよいですか？

A 2次発酵を少し早めに切り上げて、予熱します

2次発酵が終わったあとに予熱の時間を取ると、その間も生地の発酵が進んでしまい、過発酵になる可能性もあります。おいしいパンを作るには、2次発酵が終わって生地が膨らんだまま、すぐに焼きあげに入るほうがベストです。そのタイミングを逃さないために、オーブンでの2次発酵を短くして生地を取り出し、予熱に入って構いません。その間、生地は室温でベストの状態まで発酵させます。室温が高いと発酵は進みやすく、低いと遅くなります。室温での発酵にどれくらいかかるか考えて、2次発酵の時間を短くしましょう。

道具

Q67 焼成の前に、天板も一緒に予熱したほうがいいのでしょうか?

A パンによっては予熱したほうがいいものもあります

フランスパンなどのハード系パンでは、下火が弱いとパンの立ちあがりも小さくなるため、オーブンの予熱のときに一緒に天板も予熱しておきます。

Q68 パンマットはどのような素材がいいですか?

A 繊維のつきにくいキャンバス地などがおすすめです

毛羽立つようなタオルは、生地に布の繊維がくっついてしまうのでNGです。繊維がくっつきにくく、ハリのある素材がベストです。キャンバス地、さらし、ふきんなどがいいでしょう。本書ではキャンバス地を使用しています。

Q69 ベンチタイムに使うぬれぶきんはどのような素材がいいですか?

A 普通のふきんでOK。さらし、手ぬぐいなども使えます

普通のふきんで問題ありません。さらし、手ぬぐい、ナプキン、クッキングペーパーなどでも代用できます。生地に布がくっつかないように、きっちりと絞ってから使いましょう。柄物は生地に色が移る可能性もあるので、使わないほうが無難です。

Q70 凹凸のついたプラスチック製のめん棒を使っています。これでも大丈夫ですか?

A 生地を傷めるので、木のめん棒のほうがおすすめです

凹凸がついためん棒は、伸ばすときに生地を傷めてしまうので、おすすめしません。木のめん棒は生地に均一に力がかかるので、パン生地を伸ばす作業には最適です。

Q71 材料ははかりではからないとダメですか? 計量カップではかってはダメでしょうか?

A 計量カップでは1g単位の測定ができません

パン作りの成功を左右するのは、正確な計量です。0.1g単位ではかれるデジタル式のはかりを用意しておきましょう。レシピの分量を守らないと、発酵がうまく進まなかったり、生地が膨らまない可能性が高くなります。計量カップは大まかなメモリしか記されていないので、1g単位の細かい計量には不向きです。また、水ならば1g＝1mlに換算できますが、液体によって比重が違うものもあり、カップでは正確な計測ができません。計量カップより、デジタル式はかりを使いましょう。

Q72 刷毛の適切な保存方法はありますか? 卵を塗ったあと、洗ってもベタベタした感じがします

A 卵を使ったあとは煮沸するようにしましょう

シリコンの刷毛もありますが、パンの生地を傷めてしまうので、毛のほうが向いています。卵を塗った刷毛は、きれいに洗ったあと煮沸しましょう。こうすることでにおいや雑菌が取れます。

Q73 ミトンと軍手どちらがおすすめですか?

A 使いやすいほうを好みで選んで構いません

使いやすければ、どちらでも構いません。ミトンにも布製、シリコン製などあるので、使いやすさ、耐熱性を考慮して選びましょう。軍手を使う場合は、綿100%のものを2枚重ねにして使うのがおすすめです。

Q74 プラスチックのボウルしかありません。それでも大丈夫ですか?

A 軽くて丈夫なステンレス製をおすすめします

プラスチック製のボウルは耐久性の面で、あまりおすすめできません。ステンレス製のボウルは軽くて

| 道具 | 打ち粉 | 発酵 |

丈夫なので、扱いやすくて便利です。直径28cm程度のボウルがあれば、1次発酵させる器としても十分です。

Q75 パンマットは1回使うごとに洗ったほうがいいですか?

A　そのほうが清潔さを保てます

洗濯機で洗っても、形を整えて日光に干せば問題ありません。

Q76 定規はどれくらいの長さがあればOKですか?

A　文具用の30cm定規で問題ありません

通常のパン作りであれば、30cmの長さで十分です。パン作りやお菓子作り専用のステンレススチールもありますが、プラスチック製の定規でも十分に使えます。

打ち粉
Uchiko

Q77 打ち粉は何の粉を使えばよいですか?

A　打ち粉には強力粉を使います

打ち粉には強力粉が適しています。薄力粉は原料に軟質小麦を使っているために粒子がやわらかく、粉をふるったときにダマになりやすいという特徴があります。これは打ち粉には向いていません。反対に、強力粉は小麦の粒が固く、ひいて粉にした状態でも粒子が残っています。そのため、ダマになりにくく、均一に広がりやすいのです。

Q78 フランスパンを作るときは、パン生地と同じくフランスパン専用粉を打ち粉に使うほうがよいのでしょうか?

A　どの種類のパンでも強力粉で問題ないです

強力粉以外で作るパンのときでも、打ち粉は強力粉を使いましょう。ダマにならずに広がるので、作業がしやすくなります。

Q79 打ち粉の目安を教えてください。手にくっつかないように、たくさんふったほうがいいですか?

A　なるべく回数を少なく、なるべく薄くが基本です

打ち粉はなるべく薄くふり、ふる回数も極力減らしましょう。台が透けて見える程度にふれば十分です。打ち粉が多いと、生地の表面についた粉が作業中に巻き込まれ、レシピよりも粉の割合が多くなった生地ができあがってしまうことも。粉っぽさの残るパンができてしまいます。また、打ち粉が粉の水分を吸ってしまい、生地が伸びなくなったり、膨らまなかったり、パサパサした食感になることもあります。打ち粉は極力少なくし、あまった粉は刷毛などで払いながら作業を進めていきましょう。

発酵
Fermentation

Q80 発酵すると、なぜパン生地は膨らむのですか?

A　イースト菌が炭酸ガスを発生させるからです

イースト菌は糖分を糧にしてアルコール発酵を行い、その際に炭酸ガスを生成します。このガスのおかげで、パンは膨らんでいきます。グルテンをしっかり生成させて炭酸ガスを受け止めるパンのボディを作っておけば、発生したガスはその中に閉じ込められるので、膨らみを維持できるわけです。グルテンの編目構造は焼きあげると固まるので、生地の膨らみを支える役目にもなります。

| 発酵 |

Q81 発酵には、パンが膨らむ以外の目的はありますか？

A　アルコールやそのほかの化合物が生まれています

イースト菌が行うアルコール発酵では、炭酸ガスのほかにアルコールが生成されます。そのほか、ほんの少しずつではありますが、生地内に含まれる物質を変化させたり、有機酸などの新しい物質を生み出したりしています。これらのわずかな生成物がパンの味に深みを与えています。

Q82 １次発酵させるときの容器はどういったものがいいでしょうか？

A　発酵して膨らんだ生地がぴったり入る大きさが望ましいです

発酵させると生地は２～３倍に膨らみます。最大限に膨らんだ生地がぴったり入るサイズの容器がいいでしょう。また、膨らんだ状態を見て、発酵前と大きさを比べられる容器が便利です（発酵が進んだかの目安にもなります）。本書ではステンレス製のボウルを使用していますが、フタつきのタッパーなどを利用しても構いません。容器が小さすぎると、発酵したいのにできないという状況になり、生地が締まってしまいます。

Q83 １次発酵のベストな状態とは、どのような状態ですか？

A　ガスが十分に発生し、生地全体に行き渡った状態がベストです

見た目で２～３倍に膨らんだあたりが頃合いです。膨らみが足りないようでしたら、発酵が足りていません。見た目以外にも、指を使って発酵度合いを確かめる「フィンガーテスト」もあります。

Q84 イーストの量を増やせば、発酵時間を短縮することはできますか？

A　できなくはないですが、あまりおすすめできません

いわゆるソフトでリッチなパンならば、できなくはありません。卵や乳製品といった副材料が多いので、発酵時間が短くても風味のあるパンができやすいからです。また、生地を長時間ミキシングして、グルテンをしっかり作っているので、短時間で炭酸ガスがたくさん発生しても受け止められます。反対に、ハードでリーンなパンは、ゆっくり発酵させて素材そのものの味を活かすパンです。強制的な短時間発酵では、深みのある味を引き出せず、あまりおいしくないパンになってしまいがちです。やめておいたほうが無難でしょう。しかし、本来ならば、発酵を待つ時間もパン作りの醍醐味のひとつです。無理に時間を短縮したりせず、レシピ通りの適切なイースト量と適切な発酵時間を守ったほうが、パン作りを楽しめるでしょう。

Q85 １次発酵、２次発酵があるのはなぜですか？

A　１次発酵と２次発酵は目的が違います

まず生地をこねあげたあとに行う１次発酵は、炭酸ガスをある程度発生させて、生地を十分膨らませる目的があります。また、発酵中に生まれるアルコールやそのほかの代謝産物を生地に蓄積させる目的もあります。だから、１次発酵はイーストが安定して発酵を続けられるように、時間をかけてじっくり行う必要があります。一方、成形後に行う２次発酵の主目的は、再度炭酸ガスを発酵させることにあります。パンチや成形で生地からガスがだいぶ抜けてしまうので、このまま焼きあげてもパンのボリュームは出ません。再度発酵させてガスを発生させる必要があるのです。

Q86 １次発酵、２次発酵で温度が違うのはなぜですか？

A　１次発酵では、イーストが安定して動く温度にあわせます

１次発酵はだいたい30℃前後で行います。これはイーストが安定して活発に動き、炭酸ガスをたくさん発生させてくれるのにベストな温度です。２次発酵は１次発酵よりも高い温度で行うのが一般的で、だいたい40℃前後で行います。この温度はイーストの働きを最大限にさせる温度です。生地の膨らみのボリュームを最大にするため、炭酸ガスがめいっぱい発生する温度となっています。

発酵 | 成形、丸め方

Q87 1次発酵、2次発酵の湿度はどれくらいですか？

A　1次発酵、2次発酵とも、湿度は75〜85%が理想です

パンにもよりますので、生地の表面が乾燥していないか確認するようにしましょう。軽く湿っている程度が正しい状態です。

Q88 パンの種類によって、発酵の温度や時間を変えるのはなぜですか？

A　配合や材料が異なるため、発酵温度や時間に変化が出ます

パンの種類によって材料・配合が異なっていること、作り方が違っていること、目標とする生地の状態が違うことが理由です。例えば、ふわふわの食感を目指すバターロールは発酵温度が高く、時間は短めです。対して、サクサク食感を目指すフランスパンは発酵温度を低く、時間を長くしています。デニッシュは織り込んだバターが溶けないように発酵温度が低くなります。

Q89 発酵しすぎると、何がいけないのでしょうか？ リカバーの方法はありますか？

A　過発酵させると、リカバーは難しくなります

発酵しすぎた状態（過発酵）は、膨らみすぎた状態です。生地が伸びすぎて締まりがなくなり、ボソボソした状態になります。クラム内の気泡も粗く、ざらざらした食感です。また、イーストが活発に動きすぎた結果、酸っぱいような鉄臭いようなイースト臭さも残ってしまいます。食べられなくはないですが、おいしいパンとはいえません。発酵が足りない場合はリカバーできますが、過発酵になってしまうと難しいです。とくに2次発酵の段階で過発酵になると、次の工程が焼成だけなので、カバーのしようがありません。過発酵にしない。それが一番の方法です。

Q90 2次発酵の見極め方を教えてください。見極めが難しく、時間が来たらとりあえずオーブンに入れています

A　目と指で状態を確認しましょう

2次発酵を見極めるには、まず目で2倍程度に膨らんでいるかを確認します。次に、生地を触ってみましょう。人差し指で表面を軽く押してみて、指の跡が少し残ればOK。ベストな状態です。指の跡がほとんど残らないのは発酵が足りない状態、くっきりと残ってしまうのは過発酵状態です。

成形、丸め方
Form and shape

Q91 パン生地に表裏はありますか？ 表裏を意識したほうがいいですか？

A　こねあげたときに、つるんとしたほうが表側になります

こねている段階では表裏はありませんが、こねあげて丸める際に、生地の端っこをまとめた面が裏側、つるんとしてきれいな面が表になります。以降、こちら側が表となります。焼きあがったときのパンの顔でもあるので、つねに表面がきれいになるように意識するようにしましょう。

Q92 分割した1つ1つは、ぴったり同量にならないとダメですか？

A　大きな差が出ると、焼きあがり時間が変わります

1g程度の誤差は問題ありませんが、数g以上にはならないようにしましょう。あまりに大きさに差が出ると、焼きあがり時間に差が出てしまいます。

| 成形、丸め方 | 焼成 |

Q93 表面に膜が張ったように丸めるといいと聞きました。なぜですか？

A　グルテンの膜でガスが抜け出さないようにするためです

分割した生地の切り口は、どんなにスパッと切ろうとも、グルテンの構造が乱れています。この切り口を内側に入れるようにしつつ、表面のつるんとした部分が全体を覆うように、ピンと張りながら丸めていきます。これでグルテンの膜が表面をきれいに覆ったことになります。グルテンの膜が表面を覆っているので、ガスが抜けずに膨らみを維持できるのです。

Q94 成形するときに大きな気泡ができていました。どうしたらいいですか？

A　指で軽くたたいて、つぶしておきます

気泡は指の腹でたたくようにして、つぶしておきます。勢いよくたたかないで、軽く押す感じでつぶしてください。気泡が残っていると、2次発酵の際にそこだけさらに膨らんでしまい、焼くときにも膨れたまま焼きあがってしまいます。見た目も味も落ちてしまいます。

Q95 天板に並べるとき、閉じ口を下にするのはなぜですか？

A　生地の重さで閉じ口が外れないようにします

閉じ口を上にして並べると、焼きあがりの見た目が悪くなってしまいます。また、閉じ口を下にしておけば、生地の重さがかかるので、ますます閉じ口が外れる可能性が低くなります。

Q96 生地切れとは何ですか？

A　生地の表面がざらざらと荒れることです

本来つるんとしていなくてはいけない表面が、ざらっとした荒れた感じになっていることです。生地に無理に力を入れたことが原因で起こります。きれいに丸めようと何度も生地を触ったり、動かしていると、生地がだんだんデコボコ、ザラザラしてきます。これは生地が傷みはじめている証拠です。丸めの際は、きれいな丸を作ることよりも、表面を張ることを意識してみましょう。ハード系のパン、リーンな配合のパンは生地切れしやすいので注意が必要です。

焼成
Baking

Q97 焼くとパンが膨らむのはなぜですか？

A　イーストが活動してガスが発生するからです

2次発酵を終えた生地はだいたい中心温度が33℃前後です。まだイーストが活発に活動している温度です。このイーストは、生地の中にまで火が通って自分が死滅するまで（60℃で死滅するといわれます）、発酵活動を続けます。そこで発生した炭酸ガスのおかげで、焼いているパンが徐々に膨らんでいきます。60℃を越えてイーストが死滅すると、今度は炭酸ガスが高温によって膨張したり、生地内の水分が水蒸気になったりすることで、パンが膨らむようになります。

Q98 オーブンに予熱は必要ですか？

A　予熱しないと、焼き時間が長くなります

予熱とは、あらかじめオーブン内を指定の温度まであげておくことです。予熱をせずに、オーブン内の温度が低いままで生地を焼きはじめると、温度があがるのに時間がかかるので、結果として焼きあがりにも時間がかかります。その間に、生地から水分が余計に蒸発してしまい、固い焼きあがりになってしまうのです。食パンなどの窯伸びさせたいパンは予熱をせずに焼くこともあります。

Q99 焼きあがったパンはしばらくするとしぼんでしまいます。これはなぜですか？

A　ガスや水分が抜けるため、少ししぼんでいきます

焼きあがってからしばらくすると、多少しぼんだり、表面に少しシワができたりしますが、冷えてパンの内部のガスや気体の容積が減るためなので、仕方ありません。また生地内の水蒸気が冷えて水分になり、容積が減ってしぼむこともあります。しかし、オーブンから出したとたんに急速にしぼんでしまう場合は、焼き時間が足りなかった、過発酵になっていた、などの原因が考えられます。

Q100 焼きあがったパンは、どのタイミングで切ればいいのでしょうか？

A　完全に冷めてから切るようにしましょう

完全に冷ましてから切りましょう。焼きたてのパンは、中心部に水蒸気が残っているため、クラムが多少べたつきます。また、パンの中のでんぷんもまだやわらかいため、きれいに切れません。熱が冷めるとともに、水蒸気は排出され、でんぷんも固まるので、切りやすくなります。熱いうちに切ってしまうと内部の気泡がつぶれたり、切り口がべとついたりしてしまうので冷めるまで待ちましょう。

Q101 パンに食べごろはありますか？やはり焼きたてがおいしいでしょうか？

A　焼いてから7〜8時間後が食べごろです

日本では、焼きたてが一番おいしいという風潮がありますが、実はそうではありません。焼きたてのパンはまだクラムに余分な水分が残っていたり、香ばしさが中まで浸透していなかったりして、おいしさが〝浅い〟のです。一番の食べごろは、余分な水分が飛んで、香りや味が定着した7〜8時間後といわれています。食べる時間から逆算して、パンを焼いてみるのもいいでしょう。

Q102 翌日になるとパンが固くなってしまいます。これはなぜですか？

A　でんぷんが老化して、固くなっていきます

密封した袋に入れていても、固くなってしまうパン。乾燥が原因ではなく、でんぷんが老化するからです。もともと水を通さないほど緻密な構造をもっているでんぷんですが、焼き上げた際に糊化し、水分を吸収します。これが、パンのふわふわした食感の理由のひとつです。しかし、冷えてくると、でんぷんは吸収していた水分を吐きだし、固まる性質があります。これがでんぷんの「老化」で、パンが固くなる原因になっています。でんぷんの性質なので、この老化を防ぐ方法はありません。

Q103 固くなったパンをやわらかくする方法はありますか？

A　オーブントースターで温めましょう

でんぷんを再度加熱して構造をゆるませれば、パンのやわらかさを取り戻せます。オーブントースターで温め直すといいでしょう。ただし、焼きたてのようなやわらかさではありません。

Q104 焼いたパンを上手に保存する方法を教えてください

A　冷ましてからラップをしてビニール袋や密閉容器に

完全に冷ましたあとに、乾燥しないようにラップをし、ビニール袋や密閉容器に入れて常温保存しましょう。風味を損なわないためには、2〜3日で食べきるのが理想です。1〜2週間程度なら冷凍保存も可能です。大型の食パンやフランスパンは小分けにして保存すること。2週間はもつとはいえ、風味はだんだん失われていきます。なるべく早く食べたほうがいいでしょう。

【著者プロフィール】

パン・料理研究家
荻山和也
（おぎやま かずや）

粉からのパン作りに魅せられ、パン研究家の第一人者・竹野豊子氏に師事。本場のパンに触れるべくヨーロッパを中心に訪問。そこで習得した技術をもとに独自のパンレシピを開発。各所で発言、好評を得ている。また、ホームベーカリーの研究にも余念がなく、計算された独自の配合が、初心者でもおいしく作ることができると圧倒的な支持を得ている。現在、料理教室、商品開発、執筆など多方面で活躍中。おもな著書に「ホームベーカリーで楽しむ　プレミアム＆ごちそうパン」、「ホームベーカリーで作る　おやつパン・おそうざいパン」（いずれも辰巳出版刊）他多数。
HP：http://www.ogiyama-pan.com

STAFF

[制作]
ひょっとこ production

[編集]
吉村ともこ
小谷由紀恵
市川知世子
真柄ナオ

[編集ディレクター]
中川通

[進行管理]
渡辺塁
編笠屋俊夫
牧野貴志

[表紙 & 本文デザイン]
川岸歩（川岸歩デザイン制作室）

[撮影]
河上真純
中村介架

[スタイリング]
細井美波

[材料協力]
cuoca（クオカ）
http://www.cuoca.com/
0570-00-1417

荻山和也の
パン作りの教科書

2017年2月25日　初版第1刷発行
2022年4月30日　初版第4刷発行
著　者　荻山和也
発行者　廣瀬和二
発行所　株式会社日東書院本社
　　　　〒113-0033
　　　　東京都文京区本郷 1-33-13　春日町ビル 5F
　　　　TEL:03-5931-5930（代表）　FAX:03-6386-3087（販売部）
URL　　http://www.TG-NET.co.jp
印刷所　三共グラフィック株式会社
製本所　株式会社 セイコーバインダリー

本書の内容に関するお問い合わせは、お手紙かメール（info@ TG-NET.co.jp）にて承ります。
恐縮ですが、電話でのお問い合わせはご遠慮くださいますようお願い致します。定価はカバーに記載しております。
本書の無断複製（コピー）は、著作権法上での例外を除き、著作者、出版社への権利侵害となります。
乱丁・落丁はお取替え致します。小社販売部までご連絡ください。

©Kazuya Ogiyama 2017. Printed in Japan　　ISBN978-4-528-02139-6